Racconti in Olandese

Racconti in Olandese per principianti e intermedi

Emma Jansen

greenthumbpublishing@gmail.com

Contenuti

Introduzione

La lettura di una lingua straniera è uno dei modi più efficaci per migliorare le competenze linguistiche e ampliare il vocabolario. Tuttavia, a volte può essere difficile trovare materiali di lettura coinvolgenti e di livello adeguato, che diano una sensazione di realizzazione e di progresso. La maggior parte dei libri e degli articoli scritti per i madrelingua può essere troppo lunga e difficile da capire, oppure può avere un vocabolario di livello molto alto, per cui ci si sente sopraffatti e si rinuncia. Se questi problemi vi suonano familiari, allora questo libro fa per voi!

Racconti Brevi in Olandese è una raccolta di 25 racconti non convenzionali e divertenti pensati per aiutare gli studenti di livello da principiante a intermedio di Olandese a migliorare le loro competenze linguistiche.

Questi racconti creano un ambiente di lettura di supporto, includendo;

- Ricchi contenuti linguistici in diversi generi per intrattenere l'utente ed esporlo a una varietà di forme di parole.
- Storie brevi in capitoli per darvi la soddisfazione di finire le storie e progredire rapidamente.
- Testi scritti al vostro livello in modo da essere più facilmente comprensibili e non opprimenti.
- Traduzione italiana a pagine alterne per potervi fare riferimento direttamente riga per riga durante la lettura della storia Olandese.
- I vocaboli chiave sono stampati in grassetto lungo tutta la storia e la traduzione per aiutare a capire meglio le parole non familiari.

- Domande di comprensione per testare la comprensione degli eventi chiave e per incoraggiare la lettura più approfondita.

Se volete ampliare il vostro vocabolario, migliorare la vostra comprensione o semplicemente leggere per divertimento, questo libro è il più grande passo avanti che farete nei vostri studi quest'anno. I Racconti Brevi in Olandese vi daranno tutto il supporto di cui avete bisogno, quindi sedetevi, rilassatevi e lasciate correre la vostra immaginazione mentre venite trasportati in un magico mondo di avventura, mistero e intrighi - in Olandese!

Come utilizzare questo libro

La lettura è un talento difficile da padroneggiare. Nella nostra lingua madre usiamo una serie di micro-abilità per aiutarci a leggere. Ad esempio, possiamo sfogliare un brano per avere una comprensione approssimativa del contenuto. Oppure potremmo sfogliare numerose pagine di un orario ferroviario alla ricerca di un orario o di un luogo specifico. Mentre queste micro-abilità sono una seconda natura quando leggiamo nella nostra lingua madre, la ricerca rivela che spesso dimentichiamo la maggior parte di esse quando leggiamo in una lingua straniera. Quando si impara una lingua straniera, di solito si parte dall'inizio di un testo e lo si sfoglia, cercando di capire ogni singola parola. Inevitabilmente, ci imbattiamo in termini sconosciuti o complessi e ci infastidisce l'incapacità di comprenderli.

Uno dei maggiori vantaggi della lettura di una lingua straniera è quello di essere esposti a un gran numero di frasi ed espressioni che vengono utilizzate nelle situazioni quotidiane. La lettura intensiva è un termine usato per descrivere la lettura per piacere al fine di imparare una lingua. Non è come la lettura di un libro di testo, quando le conversazioni o i testi sono concepiti per essere letti lentamente e con attenzione con l'obiettivo di comprendere ogni parola. La "lettura intensiva" si riferisce alla lettura effettuata per raggiungere obiettivi di apprendimento specifici o per completare compiti. In altre parole, la lettura approfondita dei libri di testo di solito favorisce l'apprendimento di regole grammaticali e di un vocabolario particolare, mentre la lettura intensiva di storie favorisce l'apprendimento del linguaggio

naturale.

I Racconti Brevi in Olandese vi offriranno l'opportunità di conoscere meglio la lingua naturale Olandese in uso, anche se forse avete iniziato il vostro percorso di apprendimento delle lingue esclusivamente con i libri di testo. Ecco alcuni suggerimenti da tenere a mente mentre leggete le storie di questo libro per trarne il massimo beneficio: Quando si tratta di leggere, il divertimento e il senso di realizzazione sono fondamentali. Si continua a tornare perché ci si diverte a leggere. Leggere ogni storia dall'inizio alla fine è il metodo migliore per godersi le storie e sentirsi realizzati. Di conseguenza, la cosa più importante è arrivare alla fine di una storia. È più importante che conoscere ogni singola parola.

Più si legge, più si acquisisce conoscenza. Se si leggono libri più grandi per piacere, si acquisisce rapidamente una conoscenza di come funziona la Olandese. Tuttavia, tenete presente che per ottenere tutti i benefici della lettura estensiva, dovete prima leggere un volume sufficientemente consistente. Leggere qualche pagina qua e là può insegnare qualche parola nuova, ma non farà una differenza significativa nel livello generale di Olandese.

Accettate il fatto che non riuscirete a comprendere tutto ciò che leggete in un romanzo. Questo è, senza dubbio, il punto più cruciale! Ricordate sempre che non capire tutte le parole o le frasi è assolutamente accettabile. Non significa che le vostre competenze linguistiche siano inadeguate o che il vostro rendimento sia scarso. Indica che state partecipando attivamente al processo di apprendimento.

Guida alla lettura

Per trarre il massimo beneficio dalla lettura di Racconti Brevi in Olandese, è meglio seguire questo semplice processo di lettura in sei fasi per ogni capitolo dei racconti:

1. Leggete il titolo del capitolo. Pensate al tema della storia. Poi leggete la storia fino in fondo. Il vostro obiettivo è semplicemente quello di arrivare alla fine della storia. Pertanto, non fermatevi a cercare le parole e non preoccupatevi se ci sono cose che non capite. Cercate semplicemente di seguire la trama.

2. Quando arrivate alla fine della storia, scrutate la traduzione italiana per vedere se avete capito cosa è successo e per cogliere il contesto che vi è sfuggito.

3. Tornate indietro e rileggete la stessa storia. Se volete, potete concentrarvi di più sui dettagli della storia rispetto a prima, ma altrimenti leggete semplicemente un'altra volta.

4. Successivamente, leggete le domande di comprensione in Olandese per verificare la vostra comprensione degli eventi chiave della storia. Se non capite completamente le domande, non preoccupatevi. Utilizzate le vostre conoscenze per rispondere al meglio.

5. A questo punto dovreste aver compreso gli eventi principali del capitolo. In caso contrario, potreste rileggere il capitolo alcune volte utilizzando la traduzione per controllare le parole e le frasi sconosciute fino a quando non vi sentirete sicuri.

Una volta che siete pronti e sicuri di aver capito cosa è successo - che sia dopo una o più letture della storia - passate alla storia successiva e continuate a godervi la storia al vostro ritmo, proprio come fareste con qualsiasi altro libro.

Solo una volta completata una storia nella sua interezza, si può pensare di tornare indietro e studiare il linguaggio della storia in modo più approfondito, se lo si desidera. Oppure, invece di preoccuparvi di capire tutto, prendetevi del tempo per concentrarvi su ciò che avete capito e congratularvi con voi stessi per quanto avete fatto.

Racconti in Olandese

Emma Jansen

Windmolens

De windmolen is al eeuwenlang niet meer weg te denken uit de menselijke **beschaving**. Eerst werden ze gebruikt om graan te malen, maar nu worden ze voor allerlei doeleinden gebruikt, van het opwekken van elektriciteit tot het oppompen van water. Maar wat als er een windmolen was die een meer sinister doel had? Het was een donkere en stormachtige nacht toen de man bij de windmolen aankwam. Hij voelde een **griezelige** aanwezigheid, alsof hij leefde en naar hem keek. De man wist dat hij hier niet had moeten komen, maar hij kon de aantrekkingskracht van de windmolen niet weerstaan. Het leek hem te roepen, hem **dichterbij** te lokken. Toen hij dichterbij kwam, kon hij zien dat de ramen van de molen gloeiden met een buitenaards **licht**. Er was zeker iets niet in orde met deze plek. Maar toch, hij kon de roep niet weerstaan. Hij moest weten wat er binnen was.

Hij stapte door de deur en kwam in een heel andere wereld. Het eerste wat hem opviel was de geur: muf en aards, met een zweem van **bloed** in de lucht. De man zijn hart bonkte terwijl hij de vreemde kamer rondkeek. Het leek op niets wat hij ooit eerder had gezien. Er waren **symbolen** in de muren gekerfd en een groot **pentagram** in het midden van de vloer. In een hoek

Mulini a vento

Il mulino a vento è stato per secoli un punto fermo della **civiltà** umana. Inizialmente venivano usati per macinare il grano, ma oggi sono utilizzati per una varietà di scopi, dalla generazione di elettricità al pompaggio dell'acqua. Ma se esistesse un mulino a vento con uno scopo più sinistro? Era una notte buia e tempestosa quando l'uomo arrivò al mulino a vento. Poteva sentire una presenza **inquietante** che emanava da esso, come se fosse vivo e lo osservasse. L'uomo sapeva che non sarebbe dovuto venire qui, ma non poteva resistere all'attrazione del mulino a vento. Sembrava che lo chiamasse, facendogli cenno di **avvicinarsi**. Avvicinandosi, vide che le finestre del mulino brillavano di una **luce** ultraterrena. C'era sicuramente qualcosa che non quadrava in questo posto. Ma non riuscì comunque a resistere al suo richiamo. Doveva sapere cosa c'era dentro.

Attraversò la porta ed entrò in un mondo completamente diverso. La prima cosa che lo colpì fu l'odore: di muffa e di terra, con un sentore di **sangue** nell'aria. Il cuore dell'uomo batteva forte mentre si guardava intorno nella strana stanza. Non aveva mai visto nulla di simile. C'erano **simboli** incisi sulle pareti e un grande **pentagramma** al centro del pavimento.

stond een klein altaar met brandende kaarsen. En in een andere hoek leek een soort dierenkooi te staan. De man wist niet wat hij van dit alles moest denken, maar één ding wist hij zeker: dit was niet zomaar een windmolen meer. Dit was iets heel anders. Hij wist niet wat voor soort kracht of **kwaad** hier woonde, maar hij wist dat het **gevaarlijk** was. Hij moest hier weg voor het te laat was.

De man wilde naar de deur rennen, maar hij werd tegengehouden door een **diepe**, keelachtige stem. “Je had hier niet moeten komen,” zei de stem. “Dit is geen plaats voor stervelingen.” De man draaide zich langzaam om om te zien wie er sprak, en zijn bloed werd koud toen hij het schepsel voor hem zag staan. Het was mensachtig, maar zijn huid was **groen** en geschubd, als die van een reptiel. Zijn ogen waren **roodgloeiend** en het had scherpe tanden die in staat leken vlees te verscheuren. De man wist dat hij nu in de problemen zat. Er was geen manier waarop hij dit ding kon afweren of hier **levend** vandaan kon komen. Hij kon alleen maar hopen dat welke macht of welk kwaad dan ook op deze plek resideerde, tevreden zou zijn met zijn **dood**. Het schepsel naderde de man langzaam, genietend van de blik van angst in zijn ogen. Het had honger, en het was lang geleden dat het mensenvlees had gegeten. Het bloed van de man zou een smakelijke traktatie zijn.

In un angolo c'era un piccolo altare con delle candele accese. In un altro angolo sembrava esserci una specie di gabbia per animali. L'uomo non sapeva cosa pensare di tutto questo, ma una cosa era certa: questo non era più un semplice mulino a vento. Era qualcosa di completamente diverso. Non sapeva che tipo di potere o di **male** risiedesse qui, ma sapeva che era **pericoloso**. Doveva uscire di qui prima che fosse troppo tardi.

L'uomo si voltò per correre verso la porta, ma fu fermato da una voce **profonda** e gutturale. "Non saresti dovuto venire qui", disse la voce. "Questo non è un posto per i mortali". L'uomo si girò lentamente per vedere chi aveva parlato e il sangue gli si gelò quando vide la creatura in piedi davanti a lui. Era umanoide, ma la sua pelle era **verde** e squamosa, come quella di un rettile. I suoi occhi **brillavano di** rosso e aveva denti affilati che sembravano in grado di lacerare la carne. L'uomo sapeva di essere nei guai. Non c'era modo di combattere quella cosa o di uscire **vivo** da qui. Poteva solo sperare che qualsiasi potere o male risiedesse in questo luogo fosse soddisfatto della sua **morte**. La creatura si avvicinò lentamente all'uomo, assaporando lo sguardo di terrore nei suoi occhi. Era affamata ed era da molto tempo che non si nutriva di carne umana. Il sangue di quell'uomo sarebbe stato davvero un boccone prelibato.

Begrip vragen

1. Wat is de windmolen?

2. Wat is het doel van de man om naar de windmolen te komen?

3. Wat voelt de man als hij bij de windmolen aankomt?

4. Wat ziet de man als hij naar de windmolen kijkt?

5. Waarom gaat de man de windmolen binnen?

6. Wat is het eerste wat de man opvalt als hij de windmolen binnengaat?

7. Wat is er in de kamer?

8. Wie spreekt tot de man?

9. Wat is het schepsel?

10. Wat is het lot van de man?

Domande di comprensione

1. Che cos'è il mulino a vento?

2. Qual è lo scopo dell'uomo che si reca al mulino a vento?

3. Che cosa prova l'uomo quando arriva al mulino a vento?

4. Cosa vede l'uomo quando guarda il mulino a vento?

5. Perché l'uomo entra nel mulino a vento?

6. Qual è la prima cosa che l'uomo nota quando entra nel mulino a vento?

7. Cosa c'è nella stanza?

8. Chi parla all'uomo?

9. Che cos'è la creatura?

10. Qual è il destino dell'uomo?

Amsterdam

De stad Amsterdam is een prachtige plaats. De grachten staan vol met **bomen** en bloemen, en de gebouwen hebben allemaal verschillende kleuren. Het is een heel vriendelijke stad, en er zijn altijd mensen op de been. Ik ben hier geboren, in een van de kleine huisjes aan de **gracht**. Mijn ouders waren allebei kunstenaars, en ze schilderden graag de Amsterdamse taferelen. Ik groeide op omringd door hun kunst, en het inspireerde me om zelf ook **kunstenaar** te worden. Tegenwoordig woon ik met mijn vrouw en twee kinderen in een groter huis vlakbij het centrum van de stad. We hebben nog steeds een aantal schilderijen van mijn ouders aan **de muur hangen**, evenals een aantal van mijn eigen werken. Ik denk graag dat hun invloed in de loop der jaren op mij is overgegaan. Vanmorgen liep ik langs het kanaal en bewonderde het landschap, zoals ik altijd doe. De zon begon net op te komen en het licht scheen **prachtig** op het water. Ik zag een paar eenden voorbij zwemmen, en ik stopte om ze een tijdje te bekijken. Plotseling hoorde ik iemand mijn naam roepen. Het klonk als mijn **vrouw**, dus ik draaide me om, en ja hoor, ze rende naar me toe met een grote glimlach op haar gezicht. Ze zei dat ze me overal had gezocht omdat we met vrienden zouden gaan ontbijten. Ik lachte en zei haar dat ze had moeten weten waar

Amsterdam

La città di Amsterdam è un luogo bellissimo. I canali sono costeggiati da **alberi** e fiori e gli edifici sono di tutti i colori. È una città molto accogliente e c'è sempre gente in giro. Sono nata qui, in una delle piccole case sul **canale**. I miei genitori erano entrambi artisti e amavano dipingere le scene di Amsterdam. Sono cresciuto circondato dalla loro arte, che mi ha ispirato a diventare un **artista**. Oggi vivo in una casa più grande vicino al centro della città con mia moglie e i miei due figli. Abbiamo ancora alcuni dipinti dei miei genitori appesi alle **pareti, oltre ad** alcuni miei lavori. Mi piace pensare che la loro influenza si sia trasmessa a me nel corso degli anni. Stamattina stavo passeggiando lungo il canale, ammirando il paesaggio come faccio sempre. Il sole stava iniziando a sorgere e la luce risplendeva sull'acqua in modo **meraviglioso**. Ho visto un paio di anatre che nuotavano e mi sono fermata a guardarle per un po'. All'improvviso ho sentito qualcuno che mi chiamava per nome. Sembrava mia **moglie**, così mi sono girato e lei stava correndo verso di me con un grande sorriso sul viso. Mi disse che mi aveva cercato dappertutto perché dovevamo incontrare degli amici per fare colazione. Ho riso e le ho detto che avrebbe dovuto sapere dove trovarmi: dopo tutto, questo è il mio posto preferito ad Amsterdam. Dopo la **colazione**,

ze me kon vinden - dit is tenslotte mijn favoriete plek in Amsterdam. Na **het ontbijt** hebben we nog wat door de stad gewandeld en **gewinkeld**. Mijn vrouw kocht een nieuwe jurk en ik een paar nieuwe schoenen. We kwamen onze vrienden van het ontbijt op de markt tegen, en ze nodigden ons uit om die avond wat te gaan drinken. We hebben heerlijk gekletst en gelachen bij de **cocktails**, en voor we het wisten was het middernacht. We namen afscheid en gingen door de rustige straten van Amsterdam naar huis. Het is hier altijd zo vredig 's nachts. Plotseling hoorde ik geschreeuw uit een van de grachten komen. We haastten ons om te kijken wat er aan de hand was, en we zagen twee mannen ruzie met elkaar maken. Een van hen duwde de ander in het **water**.

Zonder na te denken sprong ik achter hem aan het kanaal in. Het **koude** water benam me de adem, maar ik slaagde erin de man vast te grijpen en hem in veiligheid te trekken. Zijn vriend stond daar nog steeds in shock, en ik zei hem om hulp te bellen. Binnen een paar minuten was de **politie** gearriveerd, en ze namen verklaringen op van alle betrokkenen. Het bleek dat de man die in de gracht was gevallen een toerist uit Amerika was, en hij was erg dankbaar dat ik zijn leven had gered. Hij zei dat hij Amsterdam of mij nooit zou vergeten. Nadat de **opwinding was weggeëbd**, gingen we allemaal naar huis en naar bed.

abbiamo passeggiato un po' per la città e fatto un po' di **shopping**. Mia moglie ha comprato un nuovo vestito e io un nuovo paio di scarpe. Abbiamo incontrato i nostri amici della colazione al mercato e ci hanno invitato a uscire a bere qualcosa quella sera. Ci siamo divertiti a chiacchierare e a ridere davanti a un **cocktail** e prima che ce ne accorgessimo era già mezzanotte. Ci siamo salutati e ci siamo incamminati verso casa attraverso le tranquille strade di Amsterdam. Qui la notte è sempre così tranquilla. All'improvviso, sentii delle grida provenire da uno dei canali. Ci siamo affrettati a vedere cosa stava succedendo e abbiamo visto due uomini che litigavano tra loro. Uno dei due spingeva l'altro in **acqua**.

Senza pensarci, mi sono buttato nel canale per seguirlo. L'acqua **fredda** mi ha tolto il respiro, ma sono riuscito ad afferrare l'uomo e a portarlo in salvo. Il suo amico era ancora lì in piedi, sotto shock, e gli dissi di chiamare i soccorsi. Nel giro di pochi minuti è arrivata la **polizia,** che ha raccolto le dichiarazioni di tutte le persone coinvolte. È emerso che l'uomo caduto nel canale è un turista americano e mi ha ringraziato molto per avergli salvato la vita. Ha detto che non avrebbe mai dimenticato Amsterdam e me. Dopo che l'**eccitazione si è placata**, siamo tornati tutti a casa e siamo andati a letto.

Begrip vragen

1. Wat is de favoriete plek van de auteur in Amsterdam?

2. Wat heeft de vrouw van de schrijver op de markt gekocht?

3. Hoe laat gingen de schrijver en zijn vrouw naar huis?

4. Waarover ging de ruzie tussen de twee mannen?

5. Hoe voelde de schrijver zich nadat hij het leven van de man had gered?

6. Waardoor realiseerde de auteur zich hoe belangrijk het is om je altijd bewust te zijn van je omgeving?

7. Waar kwamen de ouders van de auteur vandaan?

8. Wat doet de auteur voor de kost?

9. Welk seizoen was het in Amsterdam toen het verhaal zich afspeelde?

10. Wat vindt de schrijver van zijn stad?

Domande di comprensione

1. Qual è il luogo preferito dell'autore ad Amsterdam?

2. Cosa ha comprato la moglie dell'autore al mercato?

3. A che ora l'autore e sua moglie sono tornati a casa?

4. Su cosa verteva la discussione tra i due uomini?

5. Come si è sentito l'autore dopo aver salvato la vita dell'uomo?

6. Cosa ha fatto capire all'autore quanto sia importante essere sempre consapevoli di ciò che ci circonda?

7. Di dove erano i genitori dell'autore?

8. Che lavoro fa l'autore?

9. In quale stagione di Amsterdam si svolge la storia?

10. Cosa pensa l'autore della sua città?

Houten Schoenen

De vrouw van de schoenmaker zat aan haar **keukentafel** een paar klompen te repareren. Het was een rustige dag, en ze had niets anders te doen. Ze dacht aan haar man, in de werkplaats, bezig met zijn laatste creatie. Ze glimlachte in zichzelf, terwijl ze zich herinnerde hoe ze elkaar hadden ontmoet. Ze had over het marktplein gelopen toen ze hem voor het eerst had gezien. Hij verkocht zijn waren in een klein kraampje, en zij voelde zich meteen aangetrokken tot zijn vakmanschap. Ze knoopten een **gesprek aan** en al snel merkten ze dat ze een liefde voor houtbewerking deelden. Kort daarop trouwden ze en begonnen samen een eigen bedrijf in het maken van klompen. Jaren later draaiden ze nog steeds **goed**. De vrouw van de schoenmaker was klaar met het maken van de schoen en stond op om haar rug te strekken. Terwijl ze dat deed, zag ze iets buiten het **raam**. Er liep een man op straat, met een paar **klompen aan**.

Zoiets had ze nog nooit gezien! Geïntrigeerd ging ze naar de deur en riep naar hem. Hij kwam naar haar toe en ze begonnen te praten. Hij vertelde haar dat hij uit een klein **dorpje** in Nederland kwam waar iedereen klompen droeg. Hij zei dat ze heel comfortabel waren en je voeten warm hielden in de **winter**. De vrouw

Scarpe di legno

La moglie del calzolaio era seduta al tavolo **della cucina** a rammendare un paio di scarpe di legno. Era una giornata fiacca e non aveva altro da fare. Pensò al marito, fuori nella bottega, che martellava la sua ultima creazione. Sorrise a se stessa, ricordando come si erano conosciuti. Stava passeggiando nella piazza del mercato quando lo vide per la prima volta. Lui vendeva i suoi prodotti da una piccola bancarella e lei fu subito attratta dalla sua lavorazione. Iniziarono una **conversazione** e presto capirono di condividere l'amore per la lavorazione del legno. Poco dopo si sposarono e avviarono insieme la loro attività di produzione di scarpe in legno. Anni dopo, erano ancora **in** attività. La moglie del calzolaio finì di rammendare la scarpa e si alzò per sgranchirsi la schiena. Mentre lo faceva, vide qualcosa fuori dalla **finestra**. C'era un uomo che camminava per strada, indossando un paio di scarpe **di legno**.

Non aveva mai visto nulla di simile! Incuriosita, andò alla porta e lo chiamò. Lui si avvicinò e iniziarono a parlare. Le raccontò che veniva da un piccolo **villaggio** dei Paesi Bassi dove tutti indossavano scarpe di legno. Disse che erano molto comode e tenevano i piedi caldi in **inverno**. La moglie del calzolaio rimase

van de schoenmaker was gefascineerd door dit idee en vroeg of zij ze mocht passen. De man stemde toe en hielp haar de schoenen aan te trekken. Ze pasten perfect! Ze liep een paar stappen rond haar tuin om aan de schoenen te wennen. Plotseling besefte ze dat ze zelf ook een **paar** wilde. Ze bedankte de man voor zijn hulp en haastte zich naar de **werkplaats** om haar man te vertellen wat ze had gezien. Hij was net klaar met zijn werk voor die dag, maar toen hij het opgewonden verhaal van zijn vrouw hoorde, stemde hij ermee in om meteen een paar **klompen** voor haar te maken. Terwijl hij werkte, zat zij aan de keukentafel en **droomde** van alle plaatsen waar ze met haar nieuwe schoenen naar toe zou gaan.

De volgende dag ging de vrouw van de schoenmaker **wandelen** met haar nieuwe schoenen aan. Ze had het gevoel dat ze op lucht liep! Overal waar ze kwam, staarden de mensen naar haar **ongewone** schoeisel. Maar dat vond ze niet erg; ze had er te veel plezier in om de wereld te ontdekken op haar klompen. De vrouw van de schoenmaker bleef haar klompen nog vele jaren dragen, lang nadat haar man was overleden. Ze werden haar **handelsmerk**, en ze stond wijd en zijd bekend als de vrouw met de klompen. Ze kreeg er nooit genoeg van en deed niets liever dan wandelen in haar geliefde klompen. Op een dag, toen ze aan het wandelen was, ontmoette ze een jonge vrouw die ook klompen droeg.

affascinata da questa idea e chiese di poterle provare. L'uomo acconsentì e la aiutò a indossare le scarpe. Le calzavano perfettamente! La donna fece qualche passo nel suo giardino, abituandosi alla sensazione che le davano. Improvvisamente si rese conto di volerne un **paio tutto** suo. Ringraziò l'uomo per il suo aiuto e si precipitò in **officina** per raccontare al marito ciò che aveva visto. L'uomo stava finendo di lavorare per la giornata, ma quando sentì il racconto entusiasta della moglie, accettò di farle subito un paio di **scarpe** di legno. Mentre lui lavorava, lei si sedette al tavolo della cucina, **sognando** tutti i posti in cui sarebbe andata con le sue nuove scarpe.

Il giorno dopo, la moglie del calzolaio uscì per una **passeggiata** con le scarpe nuove. Le sembrava di camminare sull'aria! Ovunque andasse, la gente si fermava a guardare le sue **insolite** calzature. Ma a lei non importava: si divertiva troppo a esplorare il mondo con le sue scarpe di legno. La moglie del ciabattino continuò a indossare le sue scarpe di legno per molti anni, anche dopo la morte del marito. Divennero il suo **marchio di fabbrica** e fu conosciuta in tutto il mondo come la donna con le scarpe di legno. Non si stancava mai di indossarle e non amava altro che fare una passeggiata con le sue amate scarpe. Un giorno, mentre passeggiava, incontrò una giovane donna che indossava anch'essa le scarpe di legno.

Begrip vragen

1. Wat deed de vrouw van de schoenmaker toen ze aan haar man dacht?

2. Wat deed de vrouw van de schoenmaker toen ze de man op klompen over straat zag lopen?

3. Wat zei de man uit Nederland tegen de vrouw van de schoenmaker over klompen?

4. Hoe voelde de vrouw van de schoenmaker zich toen ze ging wandelen in haar nieuwe schoenen?

5. Waarom was de vrouw van de schoenmaker wijd en zijd bekend als de vrouw met de klompen?

6. Wat deed de vrouw van de schoenmaker toen ze de jonge vrouw met de klompen tegenkwam?

7. Waar droomde de jonge vrouw van toen ze luisterde naar de vrouw van de schoenmaker?

8. Hoe voelde de vrouw van de schoenmaker zich over haar klompen?

9. Wat deed de vrouw van de schoenmaker elke dag?

10. Waar ging de vrouw van de schoenmaker heen toen ze op haar klompen liep?

Domande di comprensione

1. Cosa faceva la moglie del ciabattino quando pensava al marito?

2. Che cosa fece la moglie del ciabattino quando vide l'uomo che camminava per strada con le scarpe di legno?

3. Che cosa disse l'uomo dei Paesi Bassi alla moglie del calzolaio a proposito delle scarpe di legno?

4. Come si sentì la moglie del calzolaio quando andò a fare una passeggiata con le sue scarpe nuove?

5. Perché la moglie del calzolaio era conosciuta in tutto il mondo come la donna dalle scarpe di legno?

6. Che cosa fece la moglie del ciabattino quando incontrò la giovane donna con le scarpe di legno?

7. Che cosa sognava la giovane donna quando ascoltava la moglie del ciabattino?

8. Cosa pensava la moglie del calzolaio delle sue scarpe di legno?

9. Che cosa faceva ogni giorno la moglie del ciabattino?

10. Dove andò la moglie del calzolaio quando uscì con le sue scarpe di legno?

Fietsen

De eerste keer dat ik ging **fietsen**, was ik acht jaar oud. Mijn vader nam me mee op een zondagochtend en liet me zien hoe ik moest fietsen. Het was zo leuk! Daarna ben ik bij elke kans die ik kreeg gaan fietsen. Nu, achttien jaar oud, is fietsen mijn **favoriete** hobby. Als ik tijd heb, ben ik altijd op de weg te vinden om nieuwe routes te ontdekken en te genieten van de frisse lucht. Fietsen heeft me in de loop der jaren zoveel plezier gebracht - het is een geweldige manier om actief te blijven en mijn hoofd leeg te maken. En er gaat niets boven het gevoel van **voldoening** na het voltooien van een lange rit. Vorige week was ik aan het fietsen op mijn favoriete route toen ik een lekke **band kreeg**. Ik was ongeveer halverwege de rit en ik kon met geen mogelijkheid terug naar huis fietsen zonder eerst mijn band te repareren. Gelukkig herinnerde ik me dat ik niet ver van het pad een fietsenwinkel zag.

Ik fietste zo snel als ik kon naar de winkel, en gelukkig waren ze open! De monteur repareerde mijn band snel en gaf me zelfs wat tips om een lekke band in de toekomst te voorkomen. Het kostte me wat geld, maar het was het waard - nu kan ik weer de **weg op** en genieten. Ik fiets nu al een paar jaar en ik heb veel over de sport geleerd. Een van de belangrijkste dingen

Ciclismo

La prima volta che sono andato in **bicicletta avevo** otto anni. Mio padre mi ha portato fuori una domenica mattina e mi ha mostrato come si pedala. È stato molto divertente! Da allora sono andata in bicicletta ogni volta che ne ho avuto l'occasione. Ora, a diciotto anni, il ciclismo è il mio hobby **preferito**. Ogni volta che ho del tempo libero, mi trovate sulla strada, a esplorare nuovi percorsi e a godermi l'aria fresca. Il ciclismo mi ha portato tanta gioia nel corso degli anni: è un ottimo modo per mantenermi attiva e per schiarirmi le idee. Inoltre, non c'è niente di meglio della sensazione di **realizzazione** dopo aver completato una lunga pedalata. La settimana scorsa ero in bicicletta sul mio percorso preferito quando ho bucato una **gomma**. Ero circa a metà del percorso e non c'era modo di tornare a casa senza aver prima riparato la gomma. Per fortuna, mi sono ricordato di aver visto un negozio di biciclette non troppo lontano dal percorso.

Ho pedalato il più velocemente possibile fino al negozio, che per fortuna era aperto! Il meccanico ha riparato rapidamente il mio pneumatico e mi ha anche dato alcuni consigli su come evitare le forature in futuro. Mi è costato un po' di soldi, ma ne è valsa la pena: ora posso tornare sui **sentieri** e divertirmi di

die ik heb geleerd is dat het altijd **belangrijk is** om voorbereid te zijn. Daarom controleer ik voor elke rit mijn fiets grondig en neem ik alles mee wat ik nodig heb: water, snacks, een reserveband, enz. Vorige week maakte ik een ritje dat langer duurde dan normaal en vergat ik genoeg water in te pakken. Ongeveer **halverwege** de rit begon ik echt dorst te krijgen en wist ik dat ik snel wat water moest vinden. Gelukkig was er een supermarkt niet al te ver van het pad. Maar toen ik daar aankwam, hadden ze geen flessenwater meer! Gelukkig hadden ze wel **sportdrankjes** op voorraad, zodat ik de rest van de rit zonder problemen kon doorkomen.

Fietsen is zo'n belangrijk deel van mijn leven geworden - het is iets dat me elke dag weer vreugde brengt. Het maakt niet uit in wat voor **stemming** ik ben als ik begin met fietsen, aan het eind van mijn rit voel ik me altijd beter. Soms, als het weer niet geweldig is of als ik een slechte dag heb, kan gewoon op mijn fiets stappen en een ritje gaan maken mijn **kijk op de dingen** volledig veranderen. Op dagen dat ik langere ritten maak of nieuwe routes ontdek, is er niets beter dan het gevoel van voldoening en trots dat ik voel als ik ze **tot een goed einde breng**. Fietsen is echt een van mijn favoriete dingen in het leven geworden - het helpt me actief en gezond te blijven terwijl het me ook in staat stelt de wereld om me heen te verkennen.

nuovo. Vado in bicicletta da qualche anno e ho imparato molto su questo sport. Una delle cose più importanti che ho imparato è che è sempre **importante** essere preparati. Per questo, prima di ogni uscita, mi assicuro di controllare bene la mia bicicletta e di portare con me tutto l'essenziale: acqua, snack, una camera d'aria di scorta, ecc. La scorsa settimana ho fatto un giro più lungo del solito e ho dimenticato di mettere in valigia abbastanza acqua. A **metà percorso** ho iniziato a sentire una gran sete e sapevo di dover trovare presto dell'acqua. Per fortuna c'era un minimarket non troppo lontano dal percorso. Ma quando sono arrivata lì, avevano finito l'acqua in bottiglia! Per fortuna avevano in magazzino delle bevande **sportive**, che mi hanno aiutato a superare il resto della corsa senza problemi.

La bicicletta è diventata una parte così importante della mia vita: è qualcosa che mi porta gioia ogni singolo giorno. Non importa di che **umore sono** quando inizio a pedalare, alla fine del mio viaggio mi sento sempre meglio. A volte, quando il tempo non è dei migliori o se sto avendo una brutta giornata, il solo fatto di salire in sella alla mia bici e fare un giro può cambiare completamente la mia **prospettiva**. Nei giorni in cui faccio giri più lunghi o percorro nuovi sentieri, non c'è niente di meglio del senso di realizzazione e dell'orgoglio che provo quando li porto a termine **con successo**.

Begrip vragen

1. Wat deed de schrijver toen hij een lekke band kreeg op zijn fiets?

2. Wat doet de auteur voor elke fietstocht?

3. Wat zegt de auteur over hoe fietsen hen doet voelen?

4. Wat deed de auteur toen ze dorst kregen tijdens hun fietstocht?

5. Wat zegt de auteur over zijn favoriete ding aan fietsen?

6. Wat zegt de auteur over de eerste keer dat ze gingen fietsen?

7. Wat zegt de auteur over hoe fietsen een deel van hun leven is geworden?

8. Wat zegt de auteur over het weer en het effect daarvan op hun stemming?

9. Wat zegt de auteur over langere fietstochten?

10. Wat zegt de auteur over het verkennen van nieuwe paden?

Domande di comprensione

1. Che cosa ha fatto l'autore quando ha bucato la bicicletta?

2. Cosa fa l'autore prima di ogni viaggio in bicicletta?

3. Che cosa dice l'autore su come si sente il ciclista?

4. Che cosa ha fatto l'autore quando ha avuto sete durante il viaggio in bicicletta?

5. Che cosa dice l'autore a proposito della cosa che preferisce del ciclismo?

6. Cosa racconta l'autore della prima volta che sono andati in bicicletta?

7. Che cosa dice l'autore di come il ciclismo sia diventato parte della sua vita?

8. Che cosa dice l'autore a proposito del tempo atmosferico e del suo effetto sul loro umore?

9. Cosa dice l'autore a proposito dei viaggi in bicicletta più lunghi?

10. Cosa dice l'autore a proposito dell'esplorazione di nuovi sentieri?

Sint-Janskathedraal

De zon begon net over de horizon te komen en wierp een roze en oranje gloed over de hemel. De vogels zongen en de bloemen **bloeiden alsof** het een andere dag was. Maar het was niet als elke andere dag. Vandaag was speciaal. Het was de dag dat John tot priester zou worden gewijd. Hij kon het nauwelijks geloven toen hij zijn **toga aantrok** en op weg ging naar de Sint-Janskathedraal. Hij had er altijd van gedroomd priester te worden, maar nooit gedacht dat het echt zou gebeuren. Toen hij de **kathedraal** binnenkwam, voelde hij een gevoel van vrede over zich heen spoelen. Dit was waar hij thuishoorde. De ceremonie ging in een waas voorbij, en voor hij het wist, was John officieel priester! Hij kon niet blijer zijn geweest toen hij weer in het **zonlicht** stapte, zijn nieuwe leven voor zich vol hoop en belofte. Toen John aan zijn nieuwe leven als **priester** begon, besefte hij al snel dat het niet altijd makkelijk was.

Er waren dagen dat hij voelde dat hij faalde en andere dagen dat hij twijfelde aan zijn **geloof**. Maar ondanks alles bleef de Sint-Janskathedraal een constante bron van kracht en troost voor hem. Voor welke uitdagingen

Cattedrale di San Giovanni

Il sole aveva appena iniziato a fare capolino all'orizzonte, proiettando un bagliore rosa e arancione nel cielo. Gli uccelli cantavano e i fiori **sbocciavano** come se fosse un giorno qualsiasi. Ma non era un giorno come gli altri. Oggi era speciale. Era il giorno in cui John sarebbe stato ordinato sacerdote. Non riusciva a crederci mentre indossava la **veste** e si dirigeva verso la Cattedrale di San Giovanni. Aveva sempre sognato di diventare sacerdote, ma non aveva mai pensato che sarebbe successo davvero. Quando entrò nella **cattedrale**, sentì un senso di pace avvolgerlo. Questo era il suo posto. La cerimonia passò in un lampo e prima che se ne rendesse conto, John era ufficialmente un sacerdote! Non poteva essere più entusiasta quando uscì di nuovo alla **luce del sole**, con una nuova vita davanti a sé piena di speranza e di promesse. Quando John iniziò la sua nuova vita da **sacerdote**, si rese subito conto che non era sempre facile.

Ci sono stati giorni in cui ha avuto la sensazione di fallire e altri in cui ha messo in dubbio la sua **fede**. Ma attraverso tutto questo, la Cattedrale di San Giovanni è rimasta per lui una fonte costante di forza e di conforto.

hij ook kwam te staan, de **kathedraal** leek altijd een gevoel van vrede en rust te bieden. Het was alsof God zelf aanwezig was binnen die gewijde muren. Telkens als John de kathedraal binnenging, voelde hij dat Zijn aanwezigheid hem vervulde met hoop en moed. De jaren gingen voorbij, en John bleef trouw in de Sint-Janskathedraal dienen. Hij had door de jaren heen veel veranderingen gezien, maar één ding bleef hetzelfde: de **kracht** van Gods liefde die binnen die **heilige** muren te voelen was. Op een dag kreeg John verwoestend nieuws.

Zijn beste jeugdvriend was **gediagnosticeerd** met kanker en had nog maar een paar maanden te leven. John was er kapot van. Hij had het gevoel dat hij zijn vriend in de steek had gelaten door hem niet te kunnen redden. Hij wendde zich tot de enige plek die hem altijd **troost** bood: Saint John's Cathedral. Toen hij de vertrouwde ruimte binnenkwam, voelde hij zich onmiddellijk **rustiger**. Hij knielde neer voor het altaar en bad voor zijn vriend, God smekend hem kracht en vrede te geven in deze moeilijke tijd. Toen hij de kathedraal verliet, voelde John zich alsof er een last van zijn schouders was gevallen. Hij wist dat, wat er ook gebeurde, God bij hem was en hem en zijn vrienden nooit in de steek zou laten in hun tijd van nood. Een paar weken later kreeg John een telefoontje van zijn vriend. Hij was verbaasd hem zo **opgewekt** en blij te horen klinken, gezien het nieuws dat hij had gekregen.

A prescindere dalle sfide che affrontava, la **cattedrale** sembrava sempre offrire un senso di pace e di calma. Era come se Dio stesso fosse presente in quelle mura santificate. Ogni volta che John entrava nella cattedrale, sentiva la sua presenza riempirlo di speranza e coraggio. Gli anni passarono e John continuò a servire fedelmente la Cattedrale di San Giovanni. Aveva visto molti cambiamenti nel corso degli anni, ma una cosa era rimasta invariata: la **forza** dell'amore di Dio che si poteva percepire tra quelle **sacre** mura. Un giorno, John ricevette una notizia devastante.

Al suo migliore amico d'infanzia era stato **diagnosticato** un cancro e gli erano stati dati solo pochi mesi di vita. John era devastato. Si sentiva come se avesse deluso il suo amico non essendo stato in grado di salvarlo. Si rivolse all'unico luogo che gli aveva sempre offerto **conforto**: la Cattedrale di San Giovanni. Entrando in quello spazio familiare, si sentì subito **più tranquillo**. Si inginocchiò davanti all'altare e pregò per il suo amico, pregando Dio di dargli forza e pace in questo momento difficile. Uscito dalla cattedrale, John si sentì come se si fosse tolto un peso dalle spalle. Sapeva che, qualunque cosa fosse accaduta, Dio era con lui e non avrebbe mai abbandonato lui o i suoi amici nel momento del bisogno. Qualche settimana dopo, John ricevette una telefonata dal suo amico. Fu sorpreso di sentirlo così **ottimista** e felice, considerando la notizia che gli era stata data.

Begrip vragen

1. Wat was de naam van de kathedraal?

2. Wat deed Johannes toen hij het nieuws over zijn vriend vernam?

3. Wat zei John's vriend over de Sint-Janskathedraal?

4. Hoe voelde Johannes zich toen hij tot priester werd gewijd?

5. Wat voelde Johannes toen hij voor de eerste keer de kathedraal binnenkwam?

6. Wat was het enige dat hetzelfde bleef door de jaren heen?

7. Wat was het verwoestende nieuws dat Johannes kreeg?

8. Hoe voelde John zich nadat hij de kathedraal verliet?

9. Waar bad Johannes voor?

10. Wat was de afloop van het verhaal?

Domande di comprensione

1. Come si chiamava la cattedrale?

2. Cosa fece Giovanni quando ricevette la notizia del suo amico?

3. Che cosa ha detto l'amico di John della Cattedrale di San Giovanni?

4. Come si sentì Giovanni quando fu ordinato sacerdote?

5. Che cosa ha provato John quando è entrato per la prima volta nella cattedrale?

6. Qual è la cosa che è rimasta invariata nel corso degli anni?

7. Quale fu la notizia devastante che Giovanni ricevette?

8. Come si è sentito John dopo aver lasciato la cattedrale?

9. Per cosa pregò Giovanni?

10. Qual è stato l'esito della storia?

Vincent Van Gogh

De zon ging onder aan de hemel en Vincent Van Gogh voelde de koele **bries** door zijn haar waaien. Hij had de hele dag geschilderd en was uitgeput. Maar hij kon het niet helpen een gevoel van vreugde te krijgen toen hij naar zijn laatste **creatie keek**. De kleuren waren zo levendig en levendig, net zoals hij zich van binnen voelde. Hij wist dat sommige mensen zijn kunst niet begrepen. Ze vonden het te vreemd, te anders. Maar dat maakte hem niet uit. Hij hield van wat hij deed, en dat was het enige dat telde. Terwijl hij zijn **spullen pakte** om terug te gaan naar zijn huis, kon hij niet anders dan glimlachen. Hij mag dan nog niet beroemd zijn, maar op een dag zullen de mensen zijn kunst waarderen voor wat het waard is. En tot dan, zou hij blijven **schilderen** vanuit het diepst van zijn ziel. Het was een paar maanden geleden dat Vincent dat schilderij had voltooid, en hij was al bezig met een nieuw. Hij was altijd zo geïnspireerd door de wereld om hem heen, en hij deed niets liever dan zijn gevoelens uitdrukken in zijn kunst. Sommige dagen waren **moeilijker** dan andere. Er waren momenten dat hij aan zichzelf twijfelde, dat hij zich afvroeg of wat hij deed **er wel toe deed**.

Maar dan keek hij naar zijn schilderijen en wist hij dat

Vincent Van Gogh

Il sole stava tramontando nel cielo e Vincent Van Gogh sentiva la **brezza** fresca che gli scompigliava i capelli. Aveva dipinto tutto il giorno ed era esausto. Ma non poteva fare a meno di provare un senso di gioia guardando la sua ultima **creazione**. I colori erano così vibranti e vivi, proprio come si sentiva lui dentro. Sapeva che alcune persone non capivano la sua arte. Pensavano che fosse troppo strana, troppo diversa. Ma a lui non importava. Amava quello che faceva e questo era l'unica cosa che contava. Mentre preparava le sue **provviste** per tornare a casa, non poté fare a meno di sorridere. Forse non è ancora famoso, ma un giorno la gente apprezzerà la sua arte per quello che vale. E fino ad allora, avrebbe continuato a **dipingere** dal profondo della sua anima. Erano passati alcuni mesi da quando Vincent aveva terminato quel quadro, e stava già lavorando a uno nuovo. Era sempre così ispirato dal mondo che lo circondava e non amava altro che esprimere i suoi sentimenti attraverso l'arte. Alcuni giorni erano **più difficili** di altri. C'erano momenti in cui dubitava di se stesso, in cui si chiedeva se quello che stava facendo fosse **importante**.

Ma poi guardava i suoi quadri e sapeva che era importante. La sua **arte** era una parte di lui e, finché

het er wel degelijk toe deed. Zijn **kunst** was een deel van hem, en zolang hij bleef creëren, deed niets anders er toe. Hij was diep in gedachten terwijl hij aan zijn laatste schilderij werkte, toen er plotseling op de deur werd geklopt. Hij verwachtte niemand, maar misschien was het een van zijn vrienden die kwam kijken hoe het met hem ging. Hij legde zijn **penseel neer** en ging naar de deur om te antwoorden. Zodra hij de deur opende, wist Vincent dat er iets mis was. Hij kon de angst in de **ogen** zien van de man die voor hem stond. En toen hoorde hij het geweerschot en voelde de pijn in zijn borst. Hij strompelde achteruit en greep vol ongeloof naar zijn **wond**. Dit kon niet gebeuren. Niet met hem. Maar het was maar al te echt, en hij voelde zich met de seconde zwakker worden. Het laatste wat hij zag voordat alles zwart werd, was de man die wegliep in de nacht. Vincent ontwaakte bij het geluid van vogels die buiten zijn raam tsjilpten. Het kostte hem even om zich te herinneren wat er was gebeurd, en toen sloeg de **pijn** hem als een ton bakstenen.

Hij probeerde op te staan, maar hij kon zich niet bewegen. Hij was **zwak**, en hij voelde zich met de seconde zwakker worden. Hij wist dat hij het niet lang meer zou maken. Maar voordat hij stierf, was er iets wat hij moest doen. Met al zijn overgebleven **kracht**, greep Vincent naar zijn verf en penseel. Hij moest nog een laatste schilderij afmaken. Het kostte Vincent alles wat hij had om dat laatste **schilderij af** te maken.

continuava a creare, non importava nient'altro. Era immerso nei suoi pensieri mentre lavorava al suo ultimo quadro, quando all'improvviso bussarono alla porta. Non si aspettava nessuno, ma forse era uno dei suoi amici che veniva a controllarlo. Posò il **pennello** e andò ad aprire la porta. Non appena aprì la porta, Vincent capì che qualcosa non andava. Poteva vedere la paura negli **occhi** dell'uomo che gli stava davanti. Poi sentì lo sparo e il dolore al petto. Inciampò all'indietro, stringendo la **ferita per l'**incredulità. Non poteva succedere. Non a lui. Ma era tutto troppo reale e si sentiva indebolire ogni secondo di più. L'ultima cosa che vide prima che tutto diventasse nero fu l'uomo che correva via nella notte. Vincent si svegliò al suono degli uccelli che cinguettavano fuori dalla finestra. Gli ci volle un attimo per ricordare cosa era successo, e poi il **dolore** lo colpì come una tonnellata di mattoni.

Cercò di alzarsi, ma non riusciva a muoversi. Era **debole** e si sentiva indebolire ogni secondo di più. Sapeva che non ce l'avrebbe fatta ancora per molto. Ma prima di morire, c'era qualcosa che doveva fare. Con tutte le **forze** che gli rimanevano, Vincent prese la vernice e il pennello. Aveva un ultimo dipinto da finire. Vincent impiegò tutto quello che aveva per finire quell'ultimo **dipinto**.

Begrip vragen

1. Wat was het laatste wat Vincent zag voor hij stierf?

2. Hoe voelde Vincent zich over zijn kunst?

3. Wat deed Vincent toen hij de klop op de deur hoorde?

4. Wat denk je dat de betekenis is van Vincent's laatste schilderij?

5. Hoe denk je dat Vincent's vrienden zouden reageren op zijn dood?

6. Wat denk je dat de wereld zal denken van Vincent's kunst als hij er niet meer is?

7. Wat zou Vincent zeggen tegen iemand die zijn kunst niet begrijpt?

8. Wat denk je dat Vincent probeerde uit te drukken met zijn kunst?

9. Wat denk je dat het belangrijkste was voor Vincent?

10. Wat denk je dat Vincent's nalatenschap zal zijn?

Domande di comprensione

1. Qual è stata l'ultima cosa che Vincent ha visto prima di morire?

2. Cosa provava Vincent nei confronti della sua arte?

3. Cosa fece Vincent quando sentì bussare alla porta?

4. Qual è secondo voi il significato dell'ultimo dipinto di Vincent?

5. Come pensi che gli amici di Vincent reagirebbero alla sua morte?

6. Cosa pensi che il mondo penserà dell'arte di Vincent dopo la sua scomparsa?

7. Cosa direbbe Vincent a chi non capisce la sua arte?

8. Secondo lei, cosa cercava di esprimere Vincent con la sua arte?

9. Quale pensate sia stata la cosa più importante per Vincent?

10. Quale pensa che sarà l'eredità di Vincent?

Bier

Het was een donkere en **stormachtige** nacht. Phillip was naar de bar geweest met zijn vrienden, om zijn ex-vriendin te vergeten. Hij had een paar biertjes te veel op en voelde zich best goed toen hij de bar verliet. Maar nu, in de **regen** naar huis lopend, voelde hij zich niet zo geweldig. Zijn hoofd tolde en hij kon nauwelijks zien waar hij heen ging. Plotseling gleed hij uit op een nat stuk trottoir en viel hard op zijn zij. “Auw!” riep hij uit terwijl de pijn door zijn lichaam schoot. Hij probeerde op te staan, maar voelde zich **duizelig** en wankel op zijn voeten. “Help!” riep hij zwakjes in de duisternis, maar er was niemand in de buurt om hem te horen. Phillip lag op de grond en probeerde op adem te komen. Hij had veel pijn en wist dat hij moest opstaan om hulp te zoeken. Maar elke keer als hij het probeerde, voelde hij zich duizelig en **misselijk** en moest hij weer gaan liggen. Hij werd koud en nat van de regen, maar hij had de **energie niet** om zich te bewegen.

Plotseling hoorde hij voetstappen naderen en iemand zijn naam roepen. Het was zijn buurvrouw, mevrouw Saunders. “Oh godzijdank!” **riep** Phillip zwakjes uit toen ze in zicht kwam. “Ik ben gevallen en ik kan niet opstaan.” Mevrouw Saunders hielp Phillip in haar huis en zette hem bij het vuur om op te warmen. Ze

Birra

Era una notte buia e **tempestosa**. Phillip era stato al bar con i suoi amici, cercando di dimenticare la sua ex ragazza. Aveva bevuto qualche birra di troppo e si sentiva abbastanza bene quando era uscito dal bar. Ma ora, tornando a casa sotto la **pioggia**, non si sentiva tanto bene. La testa gli girava e riusciva a malapena a vedere dove stava andando. All'improvviso, scivolò su una striscia di marciapiede bagnato e cadde con forza su un fianco. "Ahi!", esclamò mentre il dolore gli attraversava il corpo. Cercò di alzarsi, ma si sentiva **stordito** e instabile sui piedi. "Aiuto!", gridò debolmente nell'oscurità, ma non c'era nessuno a sentirlo. Phillip si sdraiò a terra, cercando di riprendere fiato. Sentiva molto dolore e sapeva che doveva alzarsi e cercare aiuto. Ma ogni volta che ci provava, gli venivano le vertigini e la **nausea** e doveva sdraiarsi di nuovo. Aveva freddo e si era bagnato per la pioggia, ma non aveva le **forze** per muoversi.

All'improvviso, sentì dei passi avvicinarsi e qualcuno che chiamava il suo nome. Era la sua vicina, la signora Saunders. "Oh, grazie al cielo!" **esclamò** debolmente Phillip quando la donna si fece vedere. "Sono caduto e non riesco ad alzarmi". La signora Saunders aiutò Phillip a entrare in casa sua e lo fece sedere accanto

gaf hem een **deken** en wat aspirine tegen de pijn en zette een kopje thee voor hem. “Wat deed je buiten in dit weer?” vroeg ze scheldend terwijl ze hem de mok hete **thee overhandigde**. “Ik was aan de bar met mijn vrienden,” antwoordde Phillip schaapachtig. “En je hebt gedronken!” zei mevrouw Saunders **afkeurend** toen ze bier in zijn adem rook. “Gewoon een paar biertjes,” zei Phillip defensief. “Wel, dat is genoeg voor één nacht,” zei mevrouw Saunders streng terwijl ze hem naar boven hielp om naar bed te gaan. Phillip werd de volgende ochtend wakker met een bonzende **hoofdpijn**.

Hij voelde zich alsof hij door een **vrachtwagen was** aangereden. Hij ging langzaam rechtop zitten, probeerde geen plotse bewegingen te maken en keek de kamer rond. Hij was in de logeerkamer van mevrouw Saunders en herinnerde zich plotseling wat er de vorige avond was gebeurd. Hij stapte behoedzaam uit **bed** en liep naar beneden, waar mevrouw Saunders het ontbijt klaarmaakte. “Goedemorgen,” zei ze opgewekt terwijl ze hem een kop **koffie** aanreikte. “Goedemorgen,” mompelde Phillip slaperig terwijl hij de mok aannam. “Hoe voel je je?” vroeg mevrouw Saunders bezorgd. “Alsof ik door een vrachtwagen ben aangereden,” antwoordde Phillip naar waarheid. Nou, je bent nogal gevallen vannacht,” zei mevrouw Saunders **begripvol**. “Het spijt me dat ik zoveel problemen veroorzaak,’ verontschuldigde Phillip zich schaapachtig.

al fuoco per riscaldarsi. Gli procurò una **coperta** e un'aspirina per il dolore prima di preparargli una tazza di tè. "Cosa ci facevi fuori con questo tempo?", gli chiese con tono di rimprovero mentre gli porgeva la tazza di **tè** caldo. "Ero al bar con i miei amici", rispose Phillip con aria da pecora. "E tu hai bevuto!". La signora Saunders disse **con disapprovazione**, sentendo l'odore di birra nell'alito. "Solo qualche birra", disse Phillip sulla difensiva. "Beh, per una notte è sufficiente", disse severamente la signora Saunders mentre lo aiutava a salire a letto. La mattina dopo Phillip si svegliò con un forte **mal di testa**.

Si sentiva come se fosse stato investito da un **camion**. Si alzò lentamente a sedere, cercando di non fare movimenti bruschi, e si guardò intorno. Si trovava nella camera degli ospiti della signora Saunders e improvvisamente si ricordò di quello che era successo la sera prima. Si alzò dal **letto** con delicatezza e si diresse al piano di sotto, dove trovò la signora Saunders che stava preparando la colazione. "Buongiorno", disse allegramente la signora mentre gli porgeva una tazza di **caffè**. "Buongiorno", mormorò Phillip intontito mentre accettava la tazza. "Come ti senti?". Chiese preoccupata la signora Saunders. "Come se fossi stato investito da un camion", rispose Phillip con sincerità.

Begrip vragen

1. Wat was Phillip’s gemoedstoestand toen hij de bar verliet?

2. Hoe voelde Phillip zich toen hij probeerde op te staan nadat hij gevallen was?

3. Wat deed Phillip toen hij voetstappen hoorde naderen?

4. Waarom schold Mrs Saunders tegen Phillip?

5. Hoe voelde Phillip zich toen hij de volgende ochtend wakker werd?

6. Wat zei Mrs Saunders tegen Phillip toen hij wakker werd?

7. Waarvoor verontschuldigde Phillip zich bij Mrs Saunders?

8. Waarom zei Mrs Saunders tegen Phillip dat hij van het bier moest afblijven?

9. Wat was Phillip’s antwoord aan Mrs Saunders?

10. Wat was het laatste advies van Mrs Saunders aan Phillip?

Domande di comprensione

1. Qual era lo stato d'animo di Phillip quando ha lasciato il bar?

2. Come si sentiva Filippo mentre cercava di rialzarsi dopo essere caduto?

3. Cosa fece Filippo quando sentì dei passi avvicinarsi?

4. Perché la signora Saunders rimproverava Phillip?

5. Come si è sentito Filippo quando si è svegliato la mattina dopo?

6. Cosa disse la signora Saunders a Phillip quando si svegliò?

7. Di che cosa si è scusato Phillip con la signora Saunders?

8. Perché la signora Saunders ha detto a Phillip di smettere di bere birra?

9. Qual è stata la risposta di Phillip alla signora Saunders?

10. Qual è il consiglio finale della signora Saunders a Phillip?

Delfts Blauw

De eerste keer dat ik Delfts blauw zag, was tijdens een reis met mijn gezin naar Nederland. We liepen over een markt in Amsterdam toen ik het zag: een prachtige blauwe vaas met witte bloemen erop geschilderd. Ik smeekte mijn **ouders** om hem voor mij te kopen en uiteindelijk gaven ze toe. Die vaas werd een van mijn dierbaarste bezittingen. Elke keer als ik naar die vaas kijk, word ik teruggevoerd naar die magische dag in Amsterdam. Het is alsof ik naar een **stukje** van de hemel zelf kijk. De diepblauwe kleur is zo vredig en rustgevend, en de tere witte bloemen zijn als kleine stukjes **hemel**. Als het leven stressvol of overweldigend wordt, hoef ik alleen maar naar mijn Delfts blauwe vaas te kijken en te bedenken dat er schoonheid in deze wereld is die het waard is om voor te vechten. Ik was laatst mijn Delfts blauwe vaas aan het afstoffen toen me iets **vreemds** opviel. Er zat een kleine chip op de rand van de **vaas** die ik nog niet eerder had gezien.

Ik voelde een gevoel van verdriet, maar toen realiseerde ik me dat deze kleine onvolkomenheid mijn vaas alleen maar specialer voor me maakte. Het herinnert me eraan dat het leven breekbaar en kostbaar is, en dat we elk **moment** moeten koesteren. Die chip in mijn vaas is een van mijn favoriete dingen geworden.

Blu Delft

La prima volta che ho visto il blu di Delft è stato durante un viaggio nei Paesi Bassi con la mia famiglia. Stavamo passeggiando in un mercato di Amsterdam quando l'ho notato: un bellissimo vaso blu con dei fiori bianchi dipinti sopra. Implorai i miei **genitori** di comprarmelo e alla fine cedettero. Quel vaso è diventato uno dei miei oggetti più preziosi. Ogni volta che guardo quel vaso, sono trasportata indietro a quel magico giorno ad Amsterdam. È come guardare un **pezzo** del cielo stesso. Il colore blu intenso è così pacifico e rilassante e i delicati fiori bianchi sono come piccoli pezzi di **paradiso**. Quando la vita diventa stressante o opprimente, mi basta guardare il mio vaso blu di Delft per ricordarmi che c'è una bellezza in questo mondo per cui vale la pena lottare. L'altro giorno stavo spolverando il mio vaso blu di Delft quando ho notato qualcosa di **strano**. Sul bordo del **vaso** c'era una piccola scheggia che non avevo mai visto prima.

Ho provato una sensazione di tristezza, ma poi ho capito che questa piccola imperfezione rendeva il mio vaso ancora più speciale per me. È come un promemoria del fatto che la vita è fragile e preziosa, e che dovremmo apprezzare ogni **momento**. Quella scheggia nel mio vaso è diventata una delle cose

Telkens als ik ernaar kijk, word ik eraan herinnerd dat ik al het **goede** in mijn leven moet waarderen, zelfs als het moeilijk is. Mijn Delfts blauwe vaas is meer dan alleen een mooie decoratie. Het is een symbool van hoop en schoonheid, en het herinnert me eraan dat het leven de moeite waard is. Voor welke uitdagingen ik ook sta, ik weet dat zolang ik mijn Delftsblauwe vaas heb, alles uiteindelijk goed zal komen. Ik ga verhuizen uit Amsterdam, en ik neem mijn Delftsblauwe vaas met me mee. Het is een moeilijke beslissing geweest, maar ik weet dat het tijd is voor een nieuw **avontuur**. Terwijl ik mijn spullen inpak, kan ik het niet helpen, maar ik voel me een beetje **verdrietig**.

Maar dan herinner ik me dat waar ik ook heen ga, mijn Delftsblauwe vaas altijd bij me zal zijn. En wat de toekomst ook brengt, ik zal altijd die dierbare **herinneringen** aan Amsterdam hebben om me op de been te houden. Mijn Delftsblauwe vaas is me door dik en dun bijgebleven. Hij heeft me door goede en slechte tijden heen geholpen, en hij brengt altijd een glimlach op mijn gezicht. Wat het leven me ook voor de voeten werpt, ik weet dat ik altijd op mijn trouwe Delftsblauwe vaas kan rekenen om alles beter te maken. Ik ga binnenkort **trouwen**, en ik heb besloten om mijn Delftsblauwe vaas te gebruiken als mijn “iets blauws”. Het is de perfecte manier om mijn **favoriete** ding in de wereld te verwerken in een van de meest belangrijke dagen van mijn leven.

che preferisco. Ogni volta che lo guardo, mi ricorda di apprezzare tutto ciò che **di buono c'è** nella mia vita, anche quando le cose sono difficili. Il mio vaso blu di Delft non è solo una bella decorazione. È un simbolo di speranza e bellezza e mi ricorda che la vita vale la pena di essere vissuta. A prescindere dalle sfide che devo affrontare, so che finché avrò il mio vaso blu di Delft, alla fine tutto andrà bene. Mi trasferisco da Amsterdam e porto con me il mio vaso blu di Delft. È stata una decisione difficile, ma so che è arrivato il momento di una nuova **avventura**. Mentre impacchetto le mie cose, non posso fare a meno di sentirmi un po' **triste**.

Ma poi mi ricordo che, ovunque vada, il mio vaso Delft Blue sarà sempre con me. E qualunque cosa mi riservi il futuro, avrò sempre quei preziosi **ricordi** di Amsterdam per andare avanti. Il mio vaso blu di Delft è stato con me nella buona e nella cattiva sorte. Mi ha accompagnato nei momenti belli e in quelli brutti, e mi fa sempre sorridere. Qualunque cosa mi riservi la vita, so che posso sempre contare sul mio fidato vaso Delft Blue per rendere tutto migliore. Presto mi **sposerò e ho** deciso di usare il mio vaso Delft Blue come mio "qualcosa di blu". È il modo perfetto per incorporare la mia cosa **preferita** al mondo in uno dei giorni più importanti della mia vita.

Begrip vragen

1. Wat is het kostbaarste bezit van de hoofdpersoon?

2. Wat vindt de hoofdpersoon van de Delftsblauwe vaas?

3. Wat is het favoriete ding van de hoofdpersoon aan de Delftsblauwe vaas?

4. Wat vindt de hoofdpersoon van de chip in de vaas?

5. Waarvan is de Delftsblauwe vaas een symbool voor de hoofdpersoon?

6. Waarheen verhuist de hoofdpersoon?

7. Wat is het "iets blauws" van de hoofdpersoon voor hun bruiloft?

8. Wat is de favoriete herinnering van de hoofdpersoon aan Amsterdam?

9. Waaraan doet de Delftsblauwe vaas de hoofdpersoon denken?

10. Aan welke reis begint de hoofdpersoon?

Domande di comprensione

1. Qual è il bene più prezioso del protagonista?

2. Cosa pensa il protagonista del vaso blu di Delft?

3. Qual è la cosa che il protagonista preferisce del vaso blu di Delft?

4. Cosa pensa il protagonista del truciolo nel vaso?

5. Di che cosa è simbolo il vaso blu di Delft per il protagonista?

6. Dove si trasferisce il protagonista?

7. Qual è il “qualcosa di blu” del protagonista per il suo matrimonio?

8. Qual è il ricordo di Amsterdam che il protagonista preferisce?

9. Che cosa ricorda al protagonista il vaso blu di Delft?

10. Quale viaggio sta iniziando il protagonista?

Anne Frank

Het is 1942 en Anne Frank zit met haar familie ondergedoken in een achterhuis. Ze zitten allemaal opeengepakt in een kleine kamer en proberen overdag stil te zijn zodat ze niet ontdekt worden. s Nachts kan Anne vaak niet **slapen** omdat ze denkt aan hoe het leven voor de oorlog was. Ze mist het naar school gaan en het buiten spelen met haar vrienden. Op een nacht, als ze niet kan slapen, staat Anne op en begint in haar dagboek te schrijven. Ze schrijft over haar hoop voor de toekomst en hoe ze ervan droomt om op een dag weer **vrij te** zijn. Terwijl ze schrijft, hoort ze voetstappen buiten de deur van hun schuilplaats. Er komt iemand aan! Annes hart gaat tekeer en snel verstopt ze haar dagboek onder de **vloer**. Ze weet dat als ze gepakt worden, ze allemaal naar de concentratiekampen gestuurd zullen worden. De deur gaat open en een nazi-soldaat komt de kamer binnen. Hij kijkt **argwanend** om zich heen, maar zegt niets.

Anne houdt haar adem in, biddend dat hij hen niet zal vinden. Na enkele ogenblikken vertrekt de soldaat, en Anne slaakt een zucht van verlichting. Ze weet dat ze vanaf nu voorzichtiger moeten zijn; één verkeerde beweging kan hun **dood** betekenen. Anne blijft in haar **dagboek** schrijven, ook al weet ze dat het gevaarlijk

Anna Frank

È il 1942 e Anne Frank si **nasconde** in un alloggio segreto con la sua famiglia. Sono tutti ammassati in una piccola stanza e cercano di non fare rumore durante il giorno per non essere scoperti. Di notte Anne spesso non riesce a **dormire** perché pensa a com'era la vita prima della guerra. Le manca andare a scuola e poter giocare con i suoi amici all'aperto. Una notte, quando non riesce a dormire, Anne si alza e inizia a scrivere il suo diario. Scrive delle sue speranze per il futuro e di come sogna di tornare un giorno **libera**. Mentre scrive, sente dei passi fuori dalla porta del loro nascondiglio. Sta arrivando qualcuno! Il cuore di Anne batte forte, mentre nasconde rapidamente il diario sotto le **assi del pavimento**. Sa che se verranno catturati, saranno tutti mandati nei campi di concentramento. La porta si apre e un soldato nazista entra nella stanza. Si guarda intorno **con sospetto**, ma non dice nulla.

Anne trattiene il respiro, pregando che non li trovi. Dopo qualche istante, il soldato se ne va e Anne tira un sospiro di sollievo. Sa che d'ora in poi dovranno stare più attenti: una mossa sbagliata potrebbe significare la loro **morte**. Anne continua a scrivere il suo **diario** anche se sa che è pericoloso. Sente di dover mettere nero su bianco i suoi pensieri, altrimenti **impazzirà**.

is. Ze heeft het gevoel dat ze haar gedachten op papier moet zetten, anders wordt ze **gek**. Ze schrijft over de andere mensen die zich samen met haar in het achterhuis verborgen houden en hoe zij omgaan met de stress van de ontdekking. Op een dag komt Annes grootste angst uit: een **nazi-soldaat** komt de kamer binnen terwijl zij in haar dagboek zit te schrijven. Hij eist te weten wie het geschreven heeft en waar ze **ondergedoken** zijn. Annes hart slaat over als ze een leugen probeert te bedenken, maar voordat ze **iets** kan zeggen, grijpt de soldaat haar bij de arm en sleurt haar de kamer uit.

Anne wordt naar een **concentratiekamp** gebracht waar ze elke dag lange uren moet werken. Ze ziet overal om zich heen verschrikkelijke dingen gebeuren en vraagt zich af of iemand er ooit achter zal komen wat hier gebeurd is. Op een dag wordt Anne op een **transporttrein** gezet op weg naar Auschwitz. Ze weet dat dit het einde voor haar is en begint in haar hoofd afscheid van iedereen te nemen. Als de trein het **station verlaat**, kijkt Anne naar alle mensen die staan te kijken, sommigen huilend, anderen zwaaiend, en vraagt zich af of iemand van hen zich haar naam nog zal herinneren als ze weg is. Anne Frank is een van de **beroemdste** mensen uit de geschiedenis omdat haar dagboek werd gevonden nadat ze in Auschwitz was gestorven.

Scrive delle altre persone che si sono nascoste con lei nell'alloggio e di come stanno affrontando lo stress di essere scoperti. Un giorno, i peggiori timori di Anne si avverano: un **soldato** nazista entra nella stanza mentre lei sta scrivendo il suo diario. Chiede di sapere chi l'ha scritto e dove si **nasconde**. Il cuore di Anne batte forte mentre cerca di inventarsi una bugia, ma prima che possa dire **qualcosa**, il soldato la prende per un braccio e la trascina fuori dalla stanza.

Anne viene portata in un **campo** di concentramento dove è costretta a lavorare ogni giorno per molte ore. Vede accadere cose terribili intorno a lei e si chiede se qualcuno scoprirà mai cosa è successo qui. Un giorno Anne viene messa su un **treno** di trasporto diretto ad Auschwitz. Sa che questa è la sua fine e inizia a dire addio a tutti nella sua testa. Mentre il treno si allontana dalla **stazione**, Anne guarda tutte le persone in piedi che la guardano, alcune che piangono, altre che si agitano, e si chiede se qualcuno di loro si ricorderà il suo nome una volta che se ne sarà andato. Anne Frank è una delle persone più **famose** della storia perché il suo diario è stato ritrovato dopo la sua morte ad Auschwitz.

Begrip vragen

1. Hoe zag het leven van Anne Frank eruit voor de oorlog?

2. Hoe vindt Anne het om opgesloten te zitten in het achterhuis?

3. Waarom schrijft Anne in haar dagboek?

4. Wat gebeurt er als een nazi-soldaat Anne betrapt op het schrijven in haar dagboek?

5. Hoe is het leven van Anne in het concentratiekamp?

6. Waar wordt Anne heen gebracht als ze op de transporttrein wordt gezet?

7. Waarom is Anne Frank een van de beroemdste mensen uit de geschiedenis?

8. Waar leeft Annes nalatenschap nog van voort?

9. Wat vond Anne van de mensen die op het station stonden toen ze naar Auschwitz vertrok?

10. Wat denk je dat Anne zou willen dat de mensen zich zouden herinneren van haar verhaal?

Domande di comprensione

1. Com'era la vita di Anne Frank prima della guerra?

2. Come si sente Anne ad essere rinchiusa nell'Alloggio segreto?

3. Perché Anne scrive il suo diario?

4. Cosa succede quando un soldato nazista sorprende Anne mentre scrive il suo diario?

5. Com'è la vita di Anne nel campo di concentramento?

6. Dove viene portata Anne quando viene fatta salire sul treno di trasporto?

7. Perché Anna Frank è una delle persone più famose della storia?

8. In che modo l'eredità di Anne continua a vivere?

9. Cosa pensava Anne delle persone che si trovavano alla stazione ferroviaria mentre partiva per Auschwitz?

10. Cosa pensi che Anne vorrebbe che la gente ricordasse della sua storia?

Rotterdam

De zon ging onder boven de stad Rotterdam en wierp een **prachtige** oranje gloed over de skyline. De stad was vol met mensen die bezig waren met hun avondactiviteiten. In de verte hoorde je het geluid van scheepshoorns die de rivier afvoeren. U liep door een van de vele **parken** in Rotterdam, genietend van de **rust** en stilte na een lange dag werken. Terwijl u liep, zag u iemand op een bankje zitten, starend naar de zonsondergang. Ze leken diep in gedachten verzonken en verloren in hun eigen wereld. Je voelde je tot hem aangetrokken, dus ging je naast hem op het **bankje zitten**.

Een tijd lang zeiden jullie geen van beiden iets; jullie genoten van elkaars **gezelschap** en keken toe hoe de nacht over Rotterdam begon te vallen. Uiteindelijk verbrak de vreemdeling de stilte door te vragen of u wist hoe laat het was. Je vertelde hem dat het bijna 21.00 uur was; ze bedankten je voordat ze opstonden van het bankje en **weggingen** zonder nog een woord tussen jullie te hebben gesproken. Je zag die **vreemdeling** nooit meer terug, maar hun woorden bleven je bij, lang nadat ze weg waren. Ze vroegen of je wist hoe laat het was, en je zei dat het bijna 21.00 uur was. Maar wat ze daarna zeiden is je altijd bijgebleven. “Tijd is een

Rotterdam

Il sole stava tramontando sulla città di Rotterdam, proiettando un **bellissimo** bagliore arancione sullo skyline. La città era animata da persone che svolgevano le loro attività serali. In lontananza si sentiva il suono dei corni delle navi che scendevano lungo il fiume. Stavate passeggiando in uno dei tanti **parchi** di Rotterdam, godendovi la **pace** e la tranquillità dopo una lunga giornata di lavoro. Mentre camminavate, avete notato qualcuno seduto su una panchina che guardava il tramonto. Sembravano profondamente pensierosi e sembravano persi nel loro mondo. Non potevate fare a meno di sentirvi attratti da loro e così vi siete seduti accanto a loro sulla **panchina**.

Per un po' nessuno dei due disse nulla; vi godeste la reciproca **compagnia** e guardaste la notte che cominciava a calare su Rotterdam. Alla fine, lo sconosciuto ruppe il silenzio chiedendovi se sapevate che ora fosse. Gli rispondesti che erano quasi le 21. Ti ringraziarono prima di alzarsi dalla panchina e **andarsene** senza che nessuno di voi due dicesse una parola. Non hai più rivisto quello **sconosciuto**, ma le sue parole ti sono rimaste impresse per molto tempo dopo che se ne erano andati. Vi chiesero se sapevate che ora fosse, e voi rispondeste che erano quasi le 21.

grappig iets," zeiden ze met een droevige glimlach. Het kan zo langzaam gaan als je op iets of iemand speciaal wacht. Maar het kan ook voorbij vliegen in een **oogwenk**. "Je dacht vaak na over die woorden en vroeg je af wie die vreemdeling was en wat hun verhaal zou kunnen zijn. Wachten ze op iemand? Of waren ze ergens voor op de vlucht? Hoe dan ook, hun woorden zijn je bijgebleven en hebben je aan het denken gezet over je eigen leven en hoe de tijd voorbij lijkt te glijden zonder dat we het ons zelfs maar realiseren.

Het is een jaar geleden sinds die noodlottige **ontmoeting** in het park, hoewel het soms aanvoelt alsof het veel langer geleden is dan dat. Het leven gaat zijn **gewone** gangetje, maar er zijn dagen dat je je afvraagt wat er van die vreemdeling geworden is. Hebben ze gevonden wat of wie ze zochten? Zijn ze nu gelukkig? Je zult het misschien nooit weten, maar die korte momenten tussen twee vreemden zullen je **voor altijd** bijblijven.

Ma quello che dissero dopo vi ha perseguitato da allora. “Il tempo è una cosa buffa”, dissero con un sorriso triste. Può scorrere così lentamente quando si aspetta qualcosa o qualcuno di speciale. Ma può anche volare via in un **batter d’**occhio”. “Pensava spesso a quelle parole, chiedendosi chi fosse quello sconosciuto e quale potesse essere la sua storia. Stavano aspettando qualcuno? O stavano **scappando** da qualcosa? In ogni caso, le loro parole vi sono rimaste impresse e vi hanno fatto pensare alla vostra vita e a come il tempo sembra scivolare via senza che ce ne rendiamo conto.

È passato un anno da quel fatidico **incontro** nel parco, anche se a volte sembra che sia passato molto più tempo. La vita è continuata **normalmente**, ma ci sono giorni in cui non si può fare a meno di chiedersi cosa ne sia stato di quello sconosciuto. Hanno trovato cosa o chi stavano cercando? Sono **felici** ora? Forse non lo sapremo mai, ma quei brevi momenti condivisi tra due sconosciuti rimarranno con noi **per sempre**.

Begrip vragen

1. Hoe ziet de stad Rotterdam eruit bij zonsondergang?

2. Hoe voelt de hoofdpersoon zich bij het zien van de vreemdeling?

3. Wat vraagt de vreemdeling aan de hoofdpersoon?

4. Wat zegt de vreemdeling over tijd?

5. Hoe voelt de hoofdpersoon zich nadat de vreemdeling vertrokken is?

6. Wat vraagt de hoofdpersoon zich af over de vreemdeling?

7. Hoe denkt de hoofdpersoon over zijn eigen leven?

8. Waar vindt de ontmoeting plaats?

9. Welk seizoen is het?

10. Wat is het beroep van de hoofdpersoon?

Domande di comprensione

1. Che aspetto ha la città di Rotterdam al tramonto?

2. Come si sente il protagonista quando vede lo straniero?

3. Cosa chiede lo straniero al protagonista?

4. Cosa dice lo straniero sul tempo?

5. Come si sente il protagonista dopo la partenza dello sconosciuto?

6. Cosa si chiede il protagonista dello straniero?

7. Cosa pensa il protagonista della propria vita?

8. Dove avviene l'incontro?

9. Che stagione è?

10. Qual è l'occupazione del protagonista?

Op het strand

Na zonsopgang zijn de golven luider en het zand boven de vloed is wit. Ik loop naar het strand en **bewonder** de zee en de zon. Mijn tenen voelen de groeven van schelpen. Het zand is koud aan mijn tenen. Ik glimlach en loop door. Het is vloed, dus ik moet oppassen dat ik er niet in word getrokken. Ik loop langs de waterkant en bewonder de zee. De zonsopgang is **prachtig**, en de golven beuken. Ik voel me zo vredig. Ik kom op een plek waar een rots uitsteekt. Ik ga zitten en kijk naar de golven. Het water is zo blauw en de lucht is zo **oranje**. Ik voel me alsof ik in een droom ben. Ik sluit mijn ogen en luister alleen maar naar de golven. Ik zat daar een hele tijd, tot ik iemand mijn naam hoorde roepen.

Ik open mijn ogen en zie mijn moeder naar me toe lopen. Ze heeft een bezorgde blik op haar gezicht. Ik glimlach en zwaai, en ze **ontspant zich**. “Ik vroeg me al af waar je was,” zegt ze. “Ik ben blij dat je van het strand geniet.” Ik antwoord: “Dat doe ik.” “Het is hier zo mooi.” “Ik weet het,” zegt ze. “Ik kwam hier altijd toen ik zo oud was als jij.” “Echt waar?” Vraag ik. “Ja,” antwoordt ze. “Het is een speciale plek.” “Heb je hier ooit iemand speciaal ontmoet?” Vraag ik. “Ik wel,” antwoordt ze met een glimlach. “Je vader.” “Echt waar?” Zeg ik, **verbaasd**. “Ja,” zegt ze. “We kwamen hier altijd

In spiaggia

Dopo l'alba, le onde sono più forti e la sabbia sopra la marea è bianca. Cammino verso la spiaggia, **ammirando** il mare e il sole. Le mie dita dei piedi sentono i solchi delle conchiglie. La sabbia è fredda sulle dita dei piedi. Sorrido e continuo a camminare. La marea è alta, quindi devo fare attenzione a non farmi trascinare. Cammino lungo la riva, ammirando il mare. L'alba è **bellissima** e le onde si infrangono. Mi sento così in pace. Arrivo a un punto in cui c'è una roccia affiorante. Mi siedo e guardo le onde. L'acqua è così blu e il cielo è così **arancione**. Mi sembra di essere in un sogno. Chiudo gli occhi e ascolto le onde. Rimasi seduto lì per molto tempo, finché non sentii qualcuno che chiamava il mio nome.

Apro gli occhi e vedo mia madre che viene verso di me. Ha un'espressione preoccupata. Le sorrido e la saluto, e lei **si rilassa**. "Mi chiedevo dove fossi andata", dice. "Sono contenta che ti stia godendo la spiaggia". Io rispondo: "Lo sto facendo". "È così bello qui". "Lo so", dice. "Venivo sempre qui quando avevo la tua età". "Davvero?" Chiedo. "Sì", risponde. "È un posto speciale". "Hai mai incontrato qualcuno di speciale qui?". Le chiedo. "Sì", risponde sorridendo. "Tuo padre". "Davvero?" Dico, **sorpreso**. "Sì", dice

samen. Het is waar we verliefd werden. " Ik glimlach en **stel me voor hoe** mijn ouders verliefd werden op dit prachtige strand. "Het is een speciale plek," herhaalt ze. "Ik ben blij dat je hier vandaag bent."

We zitten daar nog een tijdje, **kijken naar** de golven en de zonsondergang. Dan staan we op en lopen terug naar onze strandhanddoeken. Ik ga liggen en kijk naar de sterren. Ik voel me zo gelukkig en tevreden. De golven zijn nu luider, en het zand is koud. De zon gaat onder en er waait een koel briesje. De golven beuken tegen de kust, en de geur van zout hangt in de lucht. Het is een perfecte avond om op het strand te zijn. Ik loop langs het strand, **luister** naar het geluid van de golven en kijk naar de zonsondergang. Ik zie een groep mensen op het zand zitten, lachend en grapjes makend. Ze zien eruit alsof ze het naar hun zin hebben. Ik loop naar ze toe en vraag of ik erbij mag komen zitten. Ze zeggen ja, en we brengen de rest van de avond door met praten, lachen en kijken naar de **zonsondergang**. Het is een perfecte avond. De groep en ik praten tot de zon ondergaat. We delen verhalen en grappen, en we hebben allemaal een geweldige tijd. Als de avond begint te vallen, beginnen we allemaal moe te worden. We kussen elkaar **vaarwel** en gaan uit elkaar. Ik loop terug naar mijn hotel en voel me gelukkig en tevreden. Ik kan niet geloven hoe mooi het hier is. Ik ben zo gelukkig dat ik het heb mogen **meemaken**.

lei. “Venivamo sempre qui insieme. È qui che ci siamo innamorati. “Sorrido, **immaginando i** miei genitori che si innamorano su questa bellissima spiaggia. “È un posto speciale”, ripete. “Sono felice che siate venuti qui oggi”.

Rimaniamo seduti ancora per un po’ a **guardare** le onde e il tramonto. Poi ci alziamo e torniamo ai nostri teli da mare. Mi sdraio e guardo le stelle. Mi sento così felice e soddisfatta. Le onde ora sono più forti e la sabbia è fredda. Il sole sta tramontando e soffia una brezza fresca. Le onde si infrangono sulla riva e nell’aria si sente l’odore del sale. È una serata perfetta per stare in spiaggia. Cammino lungo la riva, **ascoltando** il suono delle onde e guardando il tramonto. Vedo un gruppo di persone sedute sulla sabbia che ridono e scherzano. Sembra che si stiano divertendo molto. Mi avvicino a loro e chiedo se posso unirmi a loro. Mi rispondono di sì e passiamo il resto della serata a parlare, ridere e guardare il **tramonto**. È una serata perfetta. Io e il gruppo parliamo fino al tramonto. Condividiamo storie e battute e ci divertiamo molto. Quando la notte inizia a calare, cominciamo tutti a sentirci stanchi. Ci **salutiamo** con un bacio e ci separiamo. Torno al mio hotel, felice e soddisfatta. Non riesco a credere a quanto sia bello qui. Sono così fortunata ad averlo **vissuto**.

Begrip vragen

1. Waar gaat de vertelster heen nadat ze wakker is geworden?

2. Wat bewondert de vertelster als ze langs het strand loopt?

3. Waar moet de vertelster op letten als ze langs het strand loopt?

4. Waar gaat de verteller zitten om van het uitzicht te genieten?

5. Hoe lang blijft de verteller daar zitten?

6. Wie ziet de verteller als ze haar ogen weer opent?

7. Wat zegt de moeder van de verteller?

8. Waar praten de verteller en de mensen die ze ontmoet over?

Domande di comprensione

1. Dove va la narratrice dopo essersi svegliata?

2. Che cosa ammira la narratrice mentre cammina lungo la spiaggia?

3. A che cosa deve fare attenzione la narratrice mentre cammina lungo la spiaggia?

4. Dove si siede il narratore per godersi il panorama?

5. Per quanto tempo il narratore rimane seduto lì?

6. Chi vede la narratrice quando riapre gli occhi?

7. Cosa dice la madre del narratore?

8. Di che cosa parlano il narratore e le persone che incontra?

Kamperen aan het meer

Ik loop naar het meer en **bewonder** de vredigheid van het tafereel. De zon schijnt op het meertje, waardoor het water eruit ziet als glas. De enige beweging is af en toe een rimpeling van een vis **die** het wateroppervlak breekt. Zelfs de vogels lijken een pauze te nemen van de hitte, met alleen het geluid van cicaden die de lucht vullen. **Plotseling** wordt de rust verbroken door een luide plons. Een grote **vis** is uit het water gesprongen, in een poging een libel te vangen. De vis mist zijn doel en valt met een plons terug in het water. "Wow," denk ik bij mezelf, "dat was een grote vis!." Ik keek om me heen om te zien of iemand anders hem had gezien, maar er was niemand in de buurt. Ik denk dat ik het ze zal moeten vertellen als ik terug ben in het kamp.

De hitte is **drukkend**, waardoor het moeilijk is om te ademen. De lucht is dik en zwaar, als een deken om je heen gewikkeld. De enige verlichting is in het water. Het is koel en verfrissend, als een koud drankje op een warme dag. Ik haal diep adem en duik in het water. De opluchting is onmiddellijk als het koele water me omringt. Ik zwem naar de bodem en dan weer naar de oppervlakte, terwijl ik voel hoe het water mijn lichaam

Campeggio al lago

Cammino verso il lago, **ammirando** la tranquillità della scena. Il sole batte sul piccolo lago, facendo sembrare l'acqua una lastra di vetro. L'unico movimento è l'increspatura occasionale di un pesce **che rompe** la superficie. Anche gli uccelli sembrano prendersi una pausa dal caldo, con il solo suono delle cicale che riempie l'aria. **All'improvviso**, la pace è rotta da un forte tonfo. Un grosso **pesce** è saltato fuori dall'acqua, cercando di catturare una libellula. Il pesce manca il bersaglio e ricade in acqua con un tonfo. "Wow", penso tra me e me, "quello era un pesce grosso!". Mi guardai intorno per vedere se qualcun altro l'avesse visto, ma non c'era nessuno. Immagino che dovrò raccontarlo quando tornerò al campo.

Il caldo è **opprimente** e rende difficile respirare. L'aria è densa e pesante, come una coperta che ti avvolge. L'unico sollievo è l'acqua. È fresca e rinfrescante, come una bibita fresca in una giornata calda. Faccio un respiro profondo e mi immergo nell'acqua. Il sollievo è immediato quando l'acqua fresca mi circonda. Nuoto fino al fondo e poi risalgo in superficie, sentendo l'acqua rinfrescare il mio corpo. Continuo a **nuotare**

afkoelt. Ik blijf baantjes trekken en geniet van de afkoeling van de hitte. Na een tijdje kom ik uit het water en ga op het gras liggen, zodat de zon mijn lichaam kan drogen. Ik sluit mijn ogen en val in slaap, het geluid van de **cicaden** brengt me in een diepe slaap. Ik laat de zon het water uit mijn huid bakken. Ik voel dat mijn huid rood wordt, maar dat kan me niet schelen. Ik heb het te warm om me zorgen te maken. Het volgende dat ik weet, is dat de zon ondergaat. De lucht is prachtig oranje, met roze en paarse strepen. De hitte is weg, vervangen door een koel **briesje**.

Ik sta op en trek mijn kleren weer aan. Ik voel me verfrist en verjongd. Ik haal diep **adem** uit de koele lucht en glimlach. Het voelt goed om te leven. Ik loop terug naar de camping en bewonder de manier waarop de kleuren in de lucht dansen. In de verte zie ik het kampvuur branden, en ik ruik de rook in de lucht.
Ik glimlach en **versnel** mijn pas. Ik ben klaar om te ontspannen en te genieten van de rest van mijn avond. Ik loop de camping op en zie dat iedereen rond het vuur zit. Ze **lachen** en maken grapjes, en ik kan het vuur in hun ogen zien weerkaatsen. Ik glimlach en ga naast mijn vrienden zitten. Het is goed om terug te zijn. De volgende ochtend sta ik vroeg op en begin mijn spullen in te pakken. Ik sta te popelen om weer op pad te gaan en mijn reis voort te zetten. Ik neem afscheid van mijn vrienden en begin weg te lopen. Terwijl ik loop, werp ik nog een laatste blik op de **camping**.

a vasche, godendomi la tregua dal caldo. Dopo un po' esco dall'acqua e mi sdraio sull'erba, lasciando che il sole asciughi il mio corpo. Chiudo gli occhi e mi addormento, mentre il suono delle **cicale** mi culla in un sonno profondo. Lascio che il sole scrosti l'acqua dalla mia pelle. Sento la pelle arrossarsi, ma non mi importa. Sono troppo accaldato per preoccuparmene. Il cielo è di un bellissimo arancione, con striature di rosa e viola. Il caldo è scomparso, sostituito da una fresca **brezza**.

Mi alzo e mi rivesto, sentendomi rinfrescata e ringiovanita. **Respiro** profondamente l'aria fresca e sorrido. È bello essere vivi. Torno al campeggio, ammirando il modo in cui i colori danzano nel cielo. Vedo il fuoco che arde in lontananza e sento l'odore del fumo nell'aria. Sorrido e **accelero il** passo. Sono pronto a rilassarmi e a godermi il resto della serata. Entro nel campeggio e vedo che tutti sono riuniti intorno al fuoco. **Ridono** e scherzano e posso vedere il fuoco riflesso nei loro occhi. Sorrido e mi siedo accanto ai miei amici. È bello essere tornati. La mattina dopo mi sveglio presto e comincio a raccogliere le mie cose. Sono impaziente di riprendere il cammino e continuare il mio viaggio. Saluto i miei amici e mi incammino. Mentre cammino, do un'ultima occhiata al **campeggio**.

Begrip vragen

1. Waar gaat de wandelaar heen?

2. Wat voor weer is het?

3. Hoe ziet het water eruit?

4. Hoe reageert de wandelaar op de hitte?

5. Wat doet de vis?

6. Waarom is de wandelaar alleen?

7. Hoe voelt het water aan?

8. Hoe voelt de wandelaar zich na het zwemmen?

9. Hoe laat is het als de wandelaar wakker wordt?

10. Waar gaat de wandelaar heen als hij het kamp verlaat?

Domande di comprensione

1. Dove sta andando il camminatore?

2. Che tempo fa?

3. Che aspetto ha l'acqua?

4. Come reagisce il deambulatore al calore?

5. Cosa sta facendo il pesce?

6. Perché il camminatore è solo?

7. Come si sente l'acqua?

8. Come si sente il camminatore dopo il nuoto?

9. A che ora del giorno si sveglia il deambulatore?

10. Dove va l'ambulante quando lascia il campo?

Het Huis

Ik ben vorige week in mijn nieuwe huis getrokken, en ik ben zo **opgewonden**! Het is zoveel groter dan mijn oude, en het heeft een grote achtertuin. Ik kan niet wachten om vrienden uit te nodigen voor BBQ's en feestjes. Mijn **favoriete** deel is mijn nieuwe slaapkamer. Hij is zo groot en licht, en ik heb veel ruimte om al mijn spullen op te bergen. Ik ben echt blij met mijn nieuwe huis en ik denk dat ik hier heel gelukkig zal zijn. Ik besloot om het huis nog wat verder te verkennen. Ik ging naar boven naar de tweede verdieping en ging op weg naar de keuken toen ik een grote zwarte spin op de muur zag! Ik gilde en rende naar beneden. Ik was zo **bang**! Maar na een paar minuten was ik gekalmeerd en besloot ik terug naar boven te gaan. Ik ging langzaam naar de keuken en zag dat de spin weg was. Ik was zo opgelucht! Ik ging terug naar beneden en besloot naar buiten te gaan om de **achtertuin te verkennen**. Hij was zo groot! Ik kon het niet geloven. Ik zag een schommel in de hoek en een glijbaan. Ik zag ook een basketbalnet en een **trampoline**. Ik was zo opgewonden!

Ik kan niet wachten om al deze nieuwe spullen te gebruiken. De **buren** kwamen langs en stelden zich voor. Ze leken erg aardig, en we hebben een tijdje gepraat. Ze nodigden me uit voor hun BBQ volgend

La casa

La settimana scorsa mi sono trasferita nella mia nuova casa e sono così **entusiasta**! È molto più grande di quella vecchia e ha un grande cortile. Non vedo l'ora di invitare gli amici per grigliate e feste. La mia parte **preferita** è la mia nuova camera da letto. È così grande e luminosa e ho molto spazio per mettere tutte le mie cose. Sono molto contenta della mia nuova casa e penso che sarò molto felice qui. Ho deciso di esplorare ancora un po' la casa. Sono salita al secondo piano e ho iniziato a dirigermi verso la cucina quando ho visto un grosso ragno nero sul muro! Ho urlato e sono corsa di sotto. Ero così **spaventata**! Ma dopo qualche minuto mi sono calmata e ho deciso di tornare di sopra. Mi sono avvicinata lentamente alla cucina e ho visto che il ragno non c'era più. Ero così sollevata! Tornai al piano di sotto e decisi di uscire per esplorare il **giardino**. Era così grande! Non potevo crederci. Vidi un'altalena in un angolo e uno scivolo. Vidi anche una rete da basket e un **trampolino**. Ero così eccitato!

Non vedo l'ora di usare tutto questo nuovo materiale. I **vicini sono** venuti e si sono presentati. Sembravano molto gentili e abbiamo parlato per un po'. Mi hanno invitato al loro barbecue il prossimo fine settimana e ho detto che mi sarebbe piaciuto venire. La prima

weekend, en ik zei dat ik graag zou komen. Ik had een geweldige eerste week in mijn nieuwe huis, en ik ben opgewonden over alle nieuwe avonturen die in het verschiet liggen. Vandaag ga ik weer op verkenning in de achtertuin en kijken wat ik nog meer kan vinden. Wie weet, misschien vind ik wel een **schat**. Ik kan niet wachten om te zien wat de volgende week brengt!
De volgende week ging ik weer op verkenning in de achtertuin, en ik vond een **geheime** tuin. Het was zo mooi! Er waren overal bloemen en een kleine vijver met vissen erin. Ik zag ook een schommel die ik nog niet eerder had gezien. Ik was zo opgewonden toen ik deze geheime tuin vond, en ik kan niet wachten om hem verder te verkennen. Het was zo **mooi**!

Er waren overal bloemen en een kleine vijver met vissen erin. Ik zag ook een **schommel** die ik nog niet eerder had gezien. Ik was zo opgewonden toen ik deze geheime tuin vond, en ik kan niet wachten om hem verder te verkennen. Ik vond mijn nieuwe kamer ook geweldig. Hij was zo groot en licht, en er hingen al posters van mijn favoriete bands aan de muur. Ik hoefde niet eens mijn eigen **meubels** mee te nemen, want er stonden al een bed, een dressoir en een bureau. Dit wordt het beste jaar ooit! Ik was een beetje nerveus om op een nieuwe **school** te beginnen, maar al mijn nieuwe buren zijn zo vriendelijk. Ik heb zelfs een meisje ontmoet dat naast me woont, en ze zegt dat ze op mijn eerste dag met me naar school zal lopen.

settimana nella mia nuova casa è stata fantastica e sono entusiasta di tutte le nuove avventure che mi aspettano. Oggi andrò di nuovo a esplorare il cortile per vedere cos'altro riesco a trovare. Chissà, forse troverò anche un **tesoro**. Non vedo l'ora di vedere cosa mi porterà la prossima settimana! La settimana successiva sono andata di nuovo in esplorazione nel cortile e ho trovato un giardino **segreto**. Era così bello! C'erano fiori dappertutto e un laghetto con i pesci. Ho visto anche un'altalena che non avevo mai visto prima. Ero così entusiasta di aver trovato questo giardino segreto e non vedo l'ora di esplorarlo ancora. Era così **bello**!

C'erano fiori dappertutto e un laghetto con dei pesci. Ho anche visto un'**altalena** che non avevo mai visto prima. Ero così entusiasta di aver trovato questo giardino segreto e non vedo l'ora di esplorarlo meglio. Mi è piaciuta molto anche la mia nuova stanza. Era così grande e luminosa e sulle pareti c'erano già i poster delle mie band preferite. Non ho nemmeno dovuto portare i miei **mobili**, perché c'erano già un letto, una cassettiera e una scrivania. Questo sarà l'anno migliore di sempre! Ero un po' nervosa all'idea di iniziare una nuova **scuola**, ma tutti i miei nuovi vicini sono stati così amichevoli. Ho persino conosciuto una ragazza che abita nella casa accanto e ha detto che verrà a scuola con me il primo giorno.

Begrip vragen

1. Waar woont de persoon?

2. Hoe vindt de persoon het in het nieuwe huis?

3. Wat is het favoriete deel van het nieuwe huis van de persoon?

4. Wat heeft de persoon in de tuin gevonden?

5. Wie zijn de buren?

6. Hoe voelde de persoon zich de eerste dagen in het nieuwe huis?

7. Wat is het favoriete deel van de nieuwe kamer van de persoon?

8. Wat is de persoon van plan morgen te doen?

9. Wat was het beste deel van de eerste week van de persoon in het nieuwe huis?

10. Wat is er allemaal in de nieuwe kamer van de persoon?

Domande di comprensione

1. Dove vive la persona?

2. Come si trova la persona nella nuova casa?

3. Qual è la parte preferita della nuova casa?

4. Che cosa ha trovato la persona nel giardino?

5. Chi sono i vicini?

6. Come sono stati i primi giorni nella nuova casa?

7. Qual è la parte preferita della nuova stanza?

8. Che cosa ha intenzione di fare domani?

9. Qual è stata la parte migliore della prima settimana nella nuova casa?

10. Che cosa c'è nella nuova stanza della persona?

In de trein

Ik rende naar het treinstation, maar ik was te laat. De trein was al vertrokken zonder mij. Ik voelde me zo **boos** en **teleurgesteld** in mezelf. Ik was van plan om met de trein naar mijn grootouders te gaan die op het platteland wonen, maar nu moest ik een heel uur wachten op de volgende trein. Ik besloot in plaats daarvan een eindje door de stad te lopen en probeerde mijn gemiste kans te vergeten. Terwijl ik liep, begon ik **te dagdromen** over alle plaatsen die **treinen** je kunnen brengen. Plotseling was ik niet meer zo van streek. Ik liep terug naar het station en zag de grote rood-wit-blauwe locomotief die op me af kwam rijden. Pas als ik de **conducteur** vanuit het raam naar me zie zwaaien, realiseer ik me dat deze trein voor mij is. Ik stap in de trein en zoek een zitplaats. Ik ga zitten voor wat een lange reis belooft te worden.

Terwijl we het station uitrijden, vraag ik me af waar deze trein me heen zal brengen. Door groene **velden** en over blauwe rivieren, langs bergen en valleien, het is niet te zeggen waar deze oude trein heen zal gaan. Als de nacht begint te vallen, val ik in een **vredige** slaap, gewiegd door het **ritmische** rijden van de wagons op de sporen beneden. Als het weer ochtend wordt, open ik mijn ogen en zie dat we in een klein stadje ergens

Sul treno

Corsi alla stazione ferroviaria, ma ero troppo in ritardo. Il treno era già partito senza di me. Mi sentivo così **arrabbiata** e **delusa** con me stessa. Avevo intenzione di prendere il treno per andare a trovare i miei nonni che vivono in campagna, ma ora avrei dovuto aspettare un'ora intera per il treno successivo. Decisi invece di passeggiare un po' per la città, cercando di dimenticare l'occasione persa. Mentre camminavo, ho iniziato a **sognare a occhi aperti** tutti i luoghi in cui il **treno** può portarti. Improvvisamente, non ero più così arrabbiata. Rientro in stazione e non posso fare a meno di notare la grande locomotiva rossa, bianca e blu che si dirige verso di me. Solo quando vedo il **capotreno che** mi saluta dal finestrino capisco che quel treno è per me. Salgo sul treno e trovo il mio posto, sistemandomi per quello che si preannuncia un lungo viaggio.

Mentre usciamo dalla stazione, non posso fare a meno di chiedermi dove mi porterà questo treno. Attraverso **campi** verdi e fiumi blu, passando per montagne e valli, non si sa dove andrà questo vecchio treno. Quando inizia a calare la notte, mi addormento in un sonno **tranquillo**, cullato dal movimento **ritmico** dei vagoni sui binari sottostanti. Quando arriva il mattino, apro gli occhi e scopro che siamo arrivati in una piccola città

in niemandsland zijn aangekomen. De zon komt net boven de horizon als de plaatselijke bevolking zich in de hoofdstraat begint te mengen; het ziet er hier uit als elke andere dag, behalve één ding - er hangt een groot bord bij het stadhuis met de tekst "Welkom aan boord!" Het lijkt erop dat dit kleine stadje ons verwacht, ook al zijn we maar een gewone passagierstrein op doorreis naar elders. Terwijl we de stad weer achter ons laten, op weg naar wie weet waar, glimlach ik om al die vriendelijke gezichten die ons uitzwaaien vanuit die kleine huisjes tussen **het boerenland -** het is echt verbazingwekkend hoe iets dat zo gewoon lijkt, zoveel vreugde kan brengen door er gewoon langs te rijden. En dan, natuurlijk, zijn er de **kinderen**.

Ik leun uit het raam van mijn locomotief. Ze maken me altijd zo blij met hun stralende ogen en grote grijnzen. Ik zwaai energiek naar ze terug voordat ik terugga naar mijn **cabine** en ga zitten. Het was al een lange dag, maar hij is nog niet voorbij; het duurt nog een paar uur voordat we onze **eindbestemming** bereiken. Ik pak mijn boek en begin te lezen, terwijl het ritmische schommelen van de trein me in een vredige toestand brengt. Af en toe kijk ik op naar het landschap dat buiten aan me voorbijtrekt - het verveelt nooit, hoe vaak ik het ook zie. Uiteindelijk begint de nacht te vallen en verschijnen er **twinkelende** lichtjes in de verte; we komen nu in de buurt.

nel bel mezzo del nulla. Il sole fa appena capolino all'orizzonte, mentre la gente del posto inizia a girare per la Main Street; sembra un giorno come un altro, tranne che per una cosa: c'è un grande cartello affisso vicino al municipio che recita "Benvenuti a bordo!". Sembra che questa piccola città ci stesse aspettando, anche se siamo solo un normale treno **passeggeri** di passaggio sulla nostra strada. Mentre ci lasciamo ancora una volta la città alle spalle, andando verso chissà dove, sorrido a tutte le facce amichevoli che ci salutano da quelle casette incastonate tra i **campi coltivati:** è davvero incredibile come qualcosa di così apparentemente ordinario possa portare tanta gioia semplicemente passando di lì. E poi, naturalmente, ci sono i **bambini**.

Mi affaccio al finestrino della mia locomotiva. Mi fanno sempre sentire così felice con i loro occhi lucidi e i loro grandi sorrisi. Li saluto energicamente prima di tornare nella mia **cabina** e sedermi. È stata già una lunga giornata, ma non è ancora finita; mancano ancora alcune ore per raggiungere la nostra **destinazione** finale. Tiro fuori il mio libro e inizio a leggere, lasciando che il dondolio ritmico del treno mi culli in uno stato di pace. Di tanto in tanto alzo lo sguardo verso il paesaggio che passa fuori: non diventa mai vecchio, anche se lo vedo tante volte. Alla fine inizia a calare la notte e le luci **scintillanti** cominciano ad apparire in lontananza; ci stiamo avvicinando.

Begrip vragen

1. Waar gaat de trein heen?

2. Wie reist er met de trein?

3. Wanneer vertrekt de trein?

4. Hoe komt de hoofdpersoon op de trein?

5. Waar komt de trein vandaan?

6. Waar gaat de trein nu heen?

7. Wanneer zijn de passagiers aangekomen?

8. Hoe voelt de hoofdpersoon zich als hij de trein mist?

9. Hoe reageert de treinmachinist als hij de hoofdpersoon ziet?

10. Waarom houdt de hoofdpersoon van treinen?

Domande di comprensione

1. Dove va il treno?

2. Chi viaggia sul treno?

3. Quando parte il treno?

4. Come fa il protagonista a salire sul treno?

5. Da dove viene il treno?

6. Dove è diretto il treno?

7. Quando sono arrivati i passeggeri?

8. Come si sente il protagonista quando perde il treno?

9. Come reagisce il macchinista quando vede il protagonista?

10. Perché al protagonista piacciono i treni?

Diner koken

Het is nu 5 uur 's middags en ik loop van mijn werk naar huis. Ik kijk **uit** naar een rustige avond thuis met mijn partner. We zullen samen eten koken en dan de rest van de avond ontspannen. Het voelt goed om te weten dat ik deze **avond** geen plannen of verplichtingen heb. Ik kom thuis en mijn partner is al in de keuken en begint ons avondeten klaar te maken. Het ruikt hier geweldig! We kletsen terwijl we koken, praten bij over elkaars dagen en delen kleine verhalen uit ons werkleven. De keuken is mijn favoriete kamer in ons appartement. Ik hou van koken, en vooral van koken met mijn partner. We hebben het hier altijd zo gezellig, we lachen wat en maken grapjes terwijl we aan het koken zijn. En het eten is altijd **heerlijk** als we **samenwerken**.

Vanavond maken we een van m'n lievelingsrecepten: Parmezaanse kip. Mijn partner begint met het paneren van de kip, terwijl ik de saus op het **fornuis** laat pruttelen. We werken samen als een goed geoliede machine en al snel is het eten klaar om op te dienen. We gaan aan onze kleine keukentafel zitten met **borden** vol met Parmezaanse kip, pasta en salade. We klinken op de glazen en nemen onze eerste hap, en het is **hemels**! De kip is knapperig van buiten maar sappig van binnen; de saus is smaakvol en perfect; de pasta is al dente gekookt... alles smaakt absoluut

Cucinare la cena

Sono le 17.00 e sto tornando a casa dal lavoro. Non vedo l'**ora** di passare una serata tranquilla a casa con il mio compagno. Cucineremo insieme la cena e poi ci rilasseremo per il resto della serata. È bello sapere che questa **sera non ho** programmi o obblighi. Arrivo a casa e il mio partner è già in cucina a preparare la cena. C'è un profumo **fantastico** qui dentro! Chiacchieriamo mentre cuciniamo, raccontandoci le nostre giornate e condividendo piccole storie della nostra vita lavorativa. La cucina è la mia stanza preferita del nostro appartamento. Adoro cucinare e soprattutto adoro farlo con il mio compagno. Ci divertiamo sempre molto qui dentro, ridendo e scherzando mentre cuciniamo. Inoltre, il cibo è sempre **incredibile** quando lavoriamo **insieme**.

Stasera prepariamo una delle mie ricette preferite di sempre: il **pollo** alla parmigiana. Il mio collega inizia a impanare il pollo, mentre io faccio cuocere la salsa sul **fuoco**. Lavoriamo insieme come una macchina ben oliata e in poco tempo la cena è pronta da servire. Ci sediamo al tavolo della nostra cucina con i **piatti** colmi di pollo alla parmigiana, pasta e insalata. Facciamo tintinnare i bicchieri e assaggiamo il primo boccone... ed è **paradisiaco**! Il pollo è croccante all'esterno ma succoso all'interno; il sugo è saporito e perfetto; la pasta è cotta al dente... tutto ha un sapore

perfect vanavond. We weten allebei dat dit een van die avonden was waarop alles perfect samenkwam en we **genieten van** elke laatste hap van onze heerlijke maaltijd. Het smaakte nog beter dan het rook, en dat was verdomd goed! We hebben onze maaltijd relatief snel op, omdat geen van ons beiden vandaag honger heeft, maar we nemen de tijd om nog een paar **glazen** wijn te drinken terwijl we luchtig kletsen over dit en dat onderwerp. Na het eten ruimen we snel samen op en gaan dan naar de woonkamer, waar we een poosje **knuffelen** op de bank terwijl we TV kijken.

Het voelt zo fijn om dicht bij elkaar te zijn na een lange dag apart **werken**. Ik voel me voldaan. Ook al hadden we geen avond vol belevenissen, het was fijn om gewoon wat tijd met elkaar door te brengen zonder het huis uit te hoeven. We keken een film en gingen vroeg naar bed, met een **voldaan** gevoel over onze eenvoudige avond. Dit is een van onze **favoriete** dingen geworden om te doen op avonden dat we niet uit willen gaan - gewoon thuis ontspannen en genieten van elkaars gezelschap tijdens een zelfgekookte maaltijd. Het is altijd fijn om te weten dat we hier na een lange dag kunnen terugkomen en gewoon onszelf kunnen zijn. **Uiteindelijk** beginnen we allebei te geeuwen, dus besluiten we naar boven te gaan, naar bed, waar we nog wat lezen voordat we dicht tegen elkaar aankruipen onder de dekens en diep in slaap vallen.

assolutamente perfetto stasera. Sappiamo entrambi che questa è stata una di quelle sere in cui tutto si è unito alla perfezione, mentre **assaporiamo** fino all'ultimo boccone il nostro delizioso pasto. Il sapore era persino migliore del profumo, che era dannatamente buono! Finiamo il pasto relativamente in fretta, visto che oggi nessuno dei due ha particolarmente fame, ma ci prendiamo tutto il tempo necessario per goderci qualche altro **bicchiere di** vino chiacchierando con leggerezza di questo e quell'argomento. Dopo cena, puliamo velocemente insieme e poi ci spostiamo in salotto, dove passiamo un po' di tempo **a coccolarci** sul divano guardando la TV.

È così bello stare vicini dopo una lunga giornata di **lavoro**. Mi sento soddisfatta. Anche se non abbiamo avuto una serata movimentata, è stato bello passare un po' di tempo insieme senza dover uscire di casa. Abbiamo guardato un film e siamo andati a letto presto, sentendoci **soddisfatti** della nostra semplice serata. Questa è diventata una delle cose che **preferiamo** fare nelle sere in cui non vogliamo uscire: rilassarci a casa e goderci la reciproca compagnia con un pasto fatto in casa. È sempre bello sapere che possiamo tornare qui dopo una lunga giornata ed essere semplicemente noi stessi. **Alla fine** entrambi iniziamo a sbadigliare, così decidiamo di andare a letto al piano di sopra, dove leggiamo un po' prima di accoccolarci sotto le coperte e addormentarci profondamente.

Begrip vragen

1. Waar komt de verteller vandaan?

2. Wat doet de verteller na het werk?

3. Wat eet de verteller als avondeten?

4. Waarom houdt de verteller van de keuken?

5. Wat voor gerecht kookt het stel?

6. Hoe voelt de verteller zich aan het eind van de avond?

7. Wat is het favoriete ding van het koppel om te doen?

8. Wat doet het stel als ze moe worden?

9. Waar slapen ze?

10. Waarom blijft de verteller graag thuis?

Domande di comprensione

1. Da dove viene il narratore?

2. Cosa fa il narratore dopo il lavoro?

3. Cosa mangia il narratore per cena?

4. Perché al narratore piace la cucina?

5. Che tipo di piatto cucina la coppia?

6. Come si sente il narratore alla fine della serata?

7. Qual è la cosa che la coppia preferisce fare?

8. Cosa fa la coppia quando è stanca?

9. Dove dormono?

10. Perché al narratore piace stare a casa?

Walking Home

Het was een **rustige** avond toen ik van mijn werk naar huis liep. Terwijl ik liep, kon ik niet anders dan glimlachen bij de herinneringen. Het voelde goed om terug in mijn oude buurt te zijn. Ik zwaaide naar een paar mensen die ik kende, en zij zwaaiden terug. Het was goed om thuis te zijn. Ik liep langs mijn oude school en **herinnerde me** alle leuke tijden die ik had met mijn vrienden. We liepen altijd samen naar huis en praatten over onze dag. **Soms** stopten we om een ijsje te halen of gingen we naar het park. Dat waren de beste tijden. Ik mis die tijden. Maar nu heb ik mijn eigen familie en ik ben blij met mijn leven. Ik ben blij dat ik op die herinneringen kan terugkijken en glimlachen. Ze zijn een deel van mijn leven dat ik altijd zal koesteren. Dat waren de beste tijden. Ik mis die tijden. Maar nu heb ik mijn eigen familie en ben ik gelukkig met mijn leven. Ik ben blij dat ik kan terugkijken op die **herinneringen** en kan glimlachen. Ze zijn een deel van mijn leven dat ik altijd zal koesteren.

Ik blijf lopen, denkend aan de goede tijden die ik had met mijn vrienden. Ik weet dat ik ze snel weer zal zien. Ik ga richting mijn huis en besluit om door een park in de buurt te lopen. De zon gaat onder en de lucht

Camminare verso casa

Era una notte **tranquilla** mentre tornavo a casa dal lavoro. Mentre camminavo, non potevo fare a meno di sorridere ai ricordi. Era bello tornare nel mio vecchio quartiere. Salutai alcune persone che conoscevo e loro ricambiarono il saluto. Era bello essere a casa. Passai davanti alla mia vecchia scuola e **ricordai** tutti i bei momenti passati con i miei amici. Tornavamo sempre a casa insieme e parlavamo della nostra giornata. **A volte ci** fermavamo a prendere un gelato o andavamo al parco. Erano i momenti migliori. Mi mancano quei momenti. Ma ora ho la mia famiglia e sono felice della mia vita. Sono felice di poter guardare indietro a quei ricordi e sorridere. Sono una parte della mia vita che conserverò per sempre. Erano i tempi migliori. Mi mancano quei tempi. Ma ora ho la mia famiglia e sono felice della mia vita. Sono felice di poter guardare indietro a quei **ricordi** e sorridere. Sono una parte della mia vita che conserverò per sempre.

Continuo a camminare, pensando ai bei momenti passati con i miei amici. So che li rivedrò presto. Mi dirigo verso casa e decido di passeggiare in un parco lì vicino. Il sole sta tramontando e il cielo sta diventando di un **bel** colore arancione. Il parco è vuoto, a parte

kleurt **prachtig** oranje. Het park is leeg, behalve een paar vogels die in de bomen tjilpen. Ik haal diep **adem** en glimlach. Terwijl ik door het park loop, zie ik een vallende ster door de lucht scheren. Ik doe een wens op die ster, en loop verder. Ik denk aan mijn dag op het werk en hoe **vredig** het was. Ik glimlach in mezelf, denkend aan hoe gelukkig ik ben dat ik zo'n geweldige baan heb. Ik loop naar huis en **voel** de koele nachtlucht op mijn huid. Ik voel me zo levendig en gelukkig, gewoon genietend van de eenvoudige handeling van het naar huis lopen op een vredige avond.
Ik voelde me zo goed, dat ik begon te **fluiten**. Ik liep langs een paar mensen op straat, maar ze bemoeiden zich allemaal met hun eigen zaken.

Ik draaide de hoek van mijn straat om en zag de kat van mijn buren, Mr. Whiskers, op mijn veranda zitten. Ik zei hem gedag en hij miauwde terug. Ik **deed** mijn deur **van het slot** en ging naar binnen. Ik was zo blij om thuis te zijn. Ik trok mijn schoenen uit en maakte me klaar om naar bed te gaan. Ik ging die avond naar bed met een blij en dankbaar gevoel, mijn hart vol liefde. Ik sliep de hele nacht rustig door, zonder me ergens zorgen over te maken. Ik werd wakker uit een rustgevende slaap en werd **begroet** door de zon die door mijn raam naar binnen scheen. Ik stapte uit bed en rekte me uit, haalde diep adem en voelde hoe de koele lucht mijn longen vulde. Ik liep naar mijn raam en keek naar buiten, hoorde de vogels kwetteren en de **eekhoorns** spelen.

qualche uccello che cinguetta tra gli alberi. Faccio un **respiro** profondo e sorrido. Mentre cammino nel parco, vedo una stella cadente che attraversa il cielo. Esprimo un desiderio su quella stella e continuo a camminare. Penso alla mia giornata di lavoro e a quanto sia stata **tranquilla**. Sorrido tra me e me, pensando a quanto sono fortunata ad avere un lavoro così bello. Cammino verso casa, **sentendo** l'aria fresca della notte sulla mia pelle. Mi sento così viva e felice, godendomi il semplice atto di tornare a casa in una notte tranquilla.
Mi sentivo così bene che iniziai a **fischiettare**. Passai accanto ad alcune persone per strada, ma tutte si facevano gli affari loro.

Svoltato l'angolo della mia strada, vidi il gatto del mio vicino, Mr. Whiskers, seduto sul mio portico. Lo salutai e lui ricambiò il miagolio. **Aprii la** porta ed entrai.
Ero così felice di essere a casa. Mi tolsi le scarpe e mi preparai per andare a letto. Quella sera andai a letto felice e grata, con il cuore pieno d'amore. Dormii profondamente per tutta la notte, senza preoccuparmi di nulla. Mi svegliai da un sonno ristoratore e fui **accolta** dal sole che entrava dalla finestra. Mi alzai dal letto e mi stiracchiai, facendo un respiro profondo e sentendo l'aria fresca riempirmi i polmoni. Mi avvicinai alla finestra e guardai fuori, sentendo gli uccelli cinguettare e gli **scoiattoli** giocare.

Begrip vragen

1. Wat was de hoofdpersoon aan het doen toen het verhaal begon?

2. Waar dacht de hoofdpersoon aan toen hij naar huis liep?

3. Wat deed de hoofdpersoon vroeger met vrienden na school?

4. Wat mist de hoofdpersoon van die tijd?

5. Wat vindt de hoofdpersoon van zijn huidige leven?

6. Wat doet de hoofdpersoon als hij een vallende ster ziet?

7. Hoe voelt de hoofdpersoon zich als ze naar huis lopen?

8. Wat doet de hoofdpersoon als ze thuiskomen?

9. Hoe voelt de hoofdpersoon zich als hij de volgende ochtend wakker wordt?

10. Wat doet de hoofdpersoon de volgende dag?

Domande di comprensione

1. Cosa stava facendo il protagonista quando è iniziata la storia?

2. A cosa pensava il protagonista mentre tornava a casa?

3. Cosa faceva il protagonista con gli amici dopo la scuola?

4. Cosa manca al protagonista di quei tempi?

5. Cosa pensa il protagonista della sua vita attuale?

6. Cosa fa il protagonista quando vede una stella cadente?

7. Come si sente il protagonista quando torna a casa?

8. Cosa fa il protagonista quando torna a casa?

9. Come si sente il protagonista quando si sveglia la mattina dopo?

10. Cosa fa il protagonista il giorno dopo?

Het kasteel

De familie had altijd al eens een oud kasteel in **Duitsland** willen bezoeken, en eindelijk hebben ze de reis gemaakt. Ze werden niet **teleurgesteld**. Het kasteel was prachtig, en ze genoten van het verkennen van de vele kamers en gangen. Het eerste wat hen trof was de geur. Ze vonden **schimmel**, vochtigheid, en iets anders waar ze hun vinger niet op konden leggen. Het tweede was het geluid. Stenen muren zijn dik, maar ze dempen het geluid niet volledig. Ze hoorden elke voetstap, elk woord dat met een normale stem werd uitgesproken, en af en toe een druppeltje water **ergens** in de verte. Toen hun ogen zich aanpasten aan het zwakke licht, zagen zij overal om hen heen massieve stenen muren opdoemen, waaraan wandtapijten in flarden hingen. Ze stonden in een enorme hal met een hoog plafond, ondersteund door gebeeldhouwde pilaren. Ze hielden ook van het uitzicht vanaf de torentjes, en de kinderen vermaakten zich met rondrennen over het terrein. De **zon** begon al onder te gaan tegen de tijd dat ze klaar waren met het verkennen van het kasteel, en ze betreurden het dat ze geen **zaklamp** hadden meegenomen. Ze besloten om terug te gaan naar de ingang, maar al snel waren ze verdwaald. Ze dwaalden urenlang rond, tot ze eindelijk een deur tegenkwamen die naar buiten

Il castello

La famiglia aveva sempre desiderato visitare un antico castello in **Germania** e finalmente ha intrapreso il viaggio. Non sono rimasti **delusi**. Il castello era bellissimo e si sono divertiti a esplorare le sue stanze e i suoi corridoi. La prima cosa che li colpì fu l'odore. Trovarono **muffa**, umidità e qualcos'altro che non riuscirono a definire con precisione. La seconda cosa è stata il suono. I muri di pietra sono spessi, ma non attutiscono completamente il suono. Sentirono ogni passo, ogni parola pronunciata con voce normale e l'occasionale gocciolio dell'acqua **da qualche parte** in lontananza. Quando i loro occhi si adattarono alla luce fioca, videro le massicce mura di pietra che incombevano intorno a loro, con gli arazzi appesi a **brandelli**. Si trovavano in un'enorme sala con un alto soffitto sostenuto da pilastri scolpiti. Anche a loro piaceva molto la vista che si godeva dalle torrette e i bambini si divertivano un mondo a correre per il parco. Quando finirono di esplorare il castello, il **sole** era già tramontato e si pentirono di non aver portato una **torcia**. Decisero di tornare all'ingresso, ma si persero subito. Vagarono per ore e ore, finché alla fine trovarono una porta che conduceva all'esterno. Proseguirono fino **alla** fine del corridoio e si trovarono davanti a un'imponente serie di doppie porte. Per

leidde. Ze liepen door tot ze **aan het** eind van de gang kwamen bij een imposant stel dubbele deuren. Hoe ze ook probeerden, de deuren wilden niet bewegen. Ze rammelden **onheilspellend**, maar bewogen geen centimeter. Het leek erop dat degene die hier eerder was, hier doorheen was gegaan en ze van binnenuit had afgesloten. Uiteindelijk vinden ze een uitweg. Opluchting overspoelde hen toen ze naar buiten stapten in de koele nachtlucht.

De zon begon onder te gaan en zij **betreurden het** dat zij geen zaklamp hadden meegenomen. Ze besloten terug te gaan naar de ingang, maar al gauw waren ze verdwaald. Ze dwaalden urenlang rond, tot ze eindelijk een deur tegenkwamen die **naar buiten** leidde. Opluchting overviel hen toen ze naar buiten stapten in de koele nachtlucht. De volgende avond namen ze een zaklamp mee om de rest van het kasteel te verkennen. Ze liepen over de **binnenplaats** en naar de rivier die achter de kasteelmuren stroomde. Terwijl ze rondliepen, begonnen ze vreemde geluiden te horen. Het klonk alsof iemand hen volgde. Ze versnelden hun pas, maar de geluiden werden luider en dichterbij. De familie rende zo snel als ze konden terug naar het kasteel, en ze waren opgelucht toen ze zagen dat de figuur in de **donkere** mantel hen niet was gevolgd.

quanto potessero, le porte non si muovevano. Scricchiolano **minacciosamente**, ma non si muovono di un millimetro. Sembrava che chiunque fosse stato qui prima dovesse essere passato di qui e averle chiuse dall'interno. Alla fine trovano una via d'uscita. Il sollievo li invade mentre escono nell'aria fresca della notte.

Il sole aveva iniziato a tramontare e si **pentirono di non aver** portato una torcia elettrica. Decisero di tornare all'ingresso, ma presto si persero. Vagarono per ore e ore, finché alla fine trovarono una porta che conduceva all'**esterno**. Il sollievo li colse quando uscirono nell'aria fresca della notte. La sera successiva si assicurarono di portare con sé una torcia per esplorare il resto del castello. Attraversarono il **cortile** e scesero fino al fiume che scorreva dietro le mura del **castello**. Mentre camminavano, cominciarono a sentire strani rumori. Sembrava che qualcuno li stesse seguendo. Accelerarono il passo, ma i rumori diventavano sempre più forti e vicini. La famiglia tornò al castello il più velocemente possibile e si accorse con sollievo che la figura con il mantello **scuro** non li aveva seguiti.

Begrip vragen

1. Wat deed de familie toen ze verdwaald waren in het kasteel?

2. Hoe voelde de familie zich toen ze erachter kwamen dat het gewoon een lokale man was?

3. Wat heeft de man gedaan waardoor hij gearresteerd is?

4. Wat was de straf voor de man?

5. Welk geluid hoorde de familie tijdens de wandeling?

6. Waar was de figuur in de donkere mantel toen de familie hem zag?

7. Wat deed de familie toen ze terugkwamen in hun kamer?

8. Wanneer ging de familie het kasteel weer verkennen?

9. Wat was het ding waar de familie hun vinger niet op konden leggen?

10. Wat deed de familie voordat ze weer op verkenning gingen in het kasteel?

Domande di comprensione

1. Cosa fece la famiglia quando si perse nel castello?

2. Come si è sentita la famiglia quando ha scoperto che si trattava solo di un uomo del posto?

3. Che cosa ha fatto l'uomo che lo ha fatto arrestare?

4. Qual è stata la sentenza per l'uomo?

5. Quale rumore ha sentito la famiglia mentre camminava?

6. Dov'era la figura con il mantello scuro quando la famiglia lo vide?

7. Che cosa ha fatto la famiglia quando è tornata nella sua stanza?

8. Quando la famiglia è tornata a esplorare il castello?

9. Qual era la cosa che la famiglia non riusciva a capire?

10. Cosa fece la famiglia prima di tornare a esplorare il castello?

Mijn tuin

Mijn tuin is mijn geluksplek. Ik ga er elke dag heen, regen of zonneschijn, en besteed tijd aan het verzorgen van mijn planten. Ik heb een beetje van **alles: groenten**, fruit, bloemen, kruiden. Ik heb zelfs een paar kippen die helpen het ongedierte op afstand te houden. Ik begin mijn dagen in de tuin met het rapen van eieren bij de kippen. Dan controleer ik mijn groenten en zorg ervoor dat ze genoeg water en zon krijgen. Ik wied de bedden en verwijder insecten die de planten kunnen **aanvallen**. Als **alles** is gedaan, leun ik achterover en geniet van de rust en stilte van de natuur.

Ik heb altijd graag tijd in mijn tuin doorgebracht. Er is iets met het omringd zijn door de natuur en al het **moois** dat zij te bieden heeft. Ik vind het een heel vredige en kalmerende plek. Ik breng vaak tijd door in mijn tuin, gewoon om te ontspannen en te genieten van het landschap. Ik geniet er ook van om in mijn tuin te werken en dingen te kweken. Ik heb een behoorlijk grote tuin, en ik kweek er graag **verschillende** dingen in. Ik kweek bloemen, **groenten** en kruiden. Ik heb ook een paar fruitbomen die heerlijke appels, peren en pruimen voortbrengen. Naast het kweken van dingen, vind ik het ook leuk om gewoon in mijn tuin rond te lopen en de verschillende planten en dieren te

Il mio giardino

Il mio giardino è il mio luogo felice. Esco ogni giorno, con la pioggia o con il sole, e passo il tempo a curare le mie piante. Ho un po' di **tutto: verdure**, frutta, fiori, erbe aromatiche. Ho anche alcune galline che mi aiutano a tenere lontani i parassiti. Inizio le mie giornate in giardino raccogliendo le uova dalle galline. Poi controllo le verdure, assicurandomi che ricevano acqua e sole a sufficienza. Diserbo le aiuole e rimuovo gli insetti che potrebbero **attaccare** le piante. Una volta sistemato **tutto**, mi siedo e mi godo la pace e la tranquillità della natura.

Ho sempre amato trascorrere del tempo nel mio giardino. C'è qualcosa nell'essere circondati dalla natura e da tutta la **bellezza che** ha da offrire. Trovo che sia un luogo molto tranquillo e rilassante. Spesso trascorro il tempo nel mio giardino rilassandomi e godendomi il paesaggio. Mi piace anche lavorare nel mio giardino e coltivare. Ho un giardino di buone dimensioni e mi piace coltivare **diverse** cose. Coltivo fiori, **verdure** ed erbe aromatiche. Ho anche alcuni alberi da frutto che producono mele, pere e prugne deliziose. Oltre a coltivare, mi piace anche passare il tempo passeggiando nel mio giardino, **ammirando** tutte le piante e gli animali che lo abitano. Negli anni

bewonderen die er wonen. Ik heb in de loop der jaren vele uren besteed om van mijn **tuin** een plek te maken die niet alleen mooi is, maar ook functioneel. Ik kijk graag naar de vogels die rondfladderen en luister naar hun gezang. Soms haal ik zelfs een boek tevoorschijn en lees in de tuin terwijl ik omringd ben door al het moois dat ik heb gecreëerd. **Tuinieren** is mijn passie en het brengt me zoveel vreugde. Elke dag in mijn tuin is een goede dag.

Een van de dingen die ik graag doe is koken, dus een goed gevulde kruidentuin is erg **belangrijk** voor me. Tijm, basilicum, oregano, rozemarijn, salie en lavendel zijn slechts enkele van de kruiden die ik graag in mijn tuin kweek, zodat ik ze kan gebruiken bij het bereiden van maaltijden voor mezelf of voor **gasten**. Wat ik ook belangrijk vind in mijn tuin is dat er veel kleur in zit. Om dit doel te bereiken, kweek ik een grote verscheidenheid aan bloemen, waaronder **rozen**, lelies, madeliefjes, tulpen, impatiens, goudsbloemen, enz. Naast het toevoegen van kleur met bloemen, vind ik het ook leuk om verschillende **texturen te** gebruiken in de tuin. Zo plant ik bijvoorbeeld varens onder torenhoge zonnebloemen of hosta's **naast** stekelige siergrassen. Wat er verder ook aan de hand is in mijn leven, door in mijn tuin **te** werken voel ik me altijd meer verbonden met de natuur en in vrede met mezelf.

ho trascorso molte ore a lavorare per rendere il mio **giardino** un luogo non solo bello ma anche funzionale. Mi piace osservare gli uccelli che svolazzano in giro e ascoltarli cantare. A volte tiro fuori un libro e leggo in giardino, circondata da tutta la bellezza che ho creato. Il **giardinaggio** è la mia passione e mi porta tanta gioia. Ogni giorno nel mio giardino è un buon giorno.

Una delle cose che amo fare è cucinare, quindi avere un giardino di erbe aromatiche ben fornito è molto **importante** per me. Timo, basilico, origano, rosmarino, salvia e lavanda sono solo alcune delle erbe che mi piace coltivare nel mio giardino per poterle usare quando cucino per me o per gli **ospiti**. Un'altra cosa importante per me quando si tratta del mio giardino è assicurarmi che ci sia molto colore in tutto il giardino. Per raggiungere questo obiettivo, coltivo una grande varietà di fiori, tra cui **rose**, gigli, margherite, tulipani, impatiens, calendule, ecc. Oltre ad aggiungere colore con i fiori, mi piace anche aggiungere interesse utilizzando diverse **texture** in tutto il giardino. Per esempio, potrei piantare felci sotto imponenti girasoli o hosta **accanto a** spigolose erbe ornamentali. Indipendentemente da ciò che accade nella vita, lavorare nel mio giardino **riesce** sempre a farmi sentire più connessa con la natura e in pace con me stessa.

Begrip vragen

1. Waar is de tuin van de auteur?

2. Hoeveel kippen heeft de schrijver?

3. Wat doet de schrijver elke dag in de tuin?

4. Waarom houdt de auteur van de tuin?

5. Welke kruiden plant de auteur in de tuin?

6. Waarom is het belangrijk voor de auteur dat er veel kleuren in zijn tuin zijn?

7. Hoe brengt de auteur afwisseling in zijn tuin?

8. Hoe voelt de schrijver zich als hij in zijn tuin werkt?

9. Waardoor voelt de auteur zich verbonden als hij in zijn tuin is?

10. Waarom is elke dag in de tuin van de auteur een goede dag?

Domande di comprensione

1. Dove si trova il giardino dell'autore?

2. Quanti polli ha l'autore?

3. Che cosa fa l'autore in giardino ogni giorno?

4. Perché all'autore piace il giardino?

5. Quali sono le erbe che l'autore pianta nel giardino?

6. Perché è importante per l'autore che ci siano molti colori nel suo giardino?

7. Come fa l'autore a dare varietà al suo giardino?

8. Come si sente l'autore quando lavora nel suo giardino?

9. Cosa fa sentire l'autore in sintonia quando è nel suo giardino?

10. Perché ogni giorno nel giardino dell'autore è un buon giorno?

Gaan winkelen

Ik hou ervan om te gaan **winkelen** in het winkelcentrum. Het is altijd zo leuk om rond te lopen en naar alle verschillende winkels te kijken. Er is voor elk wat wils in het winkelcentrum, en het is altijd een geweldige plek om deals te vinden voor kleren, schoenen en accessoires. Ik begin mijn shoppingtrip meestal met een wandeling door de **hoofdingang** van het winkelcentrum. Van daaruit ga ik eerst naar mijn favoriete winkels. Na het bekijken van die winkels, loop ik rond en kijk of er een verkoop gaande is op andere plaatsen. Meestal ben ik wel een paar uur in het winkelcentrum voordat ik eindelijk mijn aankopen doe. Ik neem altijd graag mijn tijd als ik ga winkelen**, want** ik wil zeker weten dat ik **precies** krijg wat ik wil. Plus, het is gewoon leuker op die manier!

Ik vind het altijd zo **fascinerend** om mensen te kijken als ik in het winkelcentrum ben. Je kunt echt veel over een persoon vertellen door de manier waarop ze winkelen. Sommige mensen zijn heel methodisch en nemen hun tijd, terwijl anderen gewoon lijken te grijpen **wat** ze kunnen en zo snel mogelijk naar de kassa gaan. Er zijn ook shoppers die meer geïnteresseerd lijken te zijn in het praten op hun mobieltje of in sms'en dan in het bekijken van de koopwaar! Het maakt echter

Fare shopping

Mi piace andare **a fare shopping al** centro commerciale. È sempre molto divertente passeggiare e guardare tutti i diversi negozi. Al centro commerciale ce n'è per tutti i gusti ed è sempre un ottimo posto per trovare offerte su vestiti, scarpe e accessori. **Di solito** inizio il mio shopping attraversando l'**ingresso** principale del centro commerciale. Da lì, mi dirigo prima verso i miei negozi preferiti. Dopo aver dato un'occhiata a quei negozi, vado in giro a vedere se ci sono saldi in corso in altri posti. Di solito trascorro un paio d'ore nel centro commerciale prima di fare i miei acquisti. Mi piace sempre prendermi il tempo necessario per fare shopping**, perché** voglio essere sicura di acquistare **esattamente** ciò che voglio. In più, così è più divertente!

Trovo sempre molto **affascinante** osservare le persone mentre sono al centro commerciale. Si può capire molto di una persona dal modo in cui fa acquisti. Alcune persone sono molto metodiche e si prendono il loro tempo, mentre altre sembrano prendere **tutto quello che** possono e dirigersi alla cassa il più velocemente possibile. Ci sono anche quelli che sembrano più interessati a parlare al cellulare o a mandare messaggi piuttosto che guardare la merce! A prescindere dal tipo

niet uit wat voor soort shopper je bent, iedereen lijkt te genieten van window shopping - zelfs als je niet echt iets koopt. Er is gewoon iets aan het kijken naar al die mooie dingen in de **etalages** dat me gelukkig maakt. Soms fantaseer ik over hoe het zou zijn als ik me **alles** kon veroorloven wat ik zie! Al met al is een dagje winkelen in het winkelcentrum een van mijn favoriete bezigheden. Het is een geweldige manier om te ontspannen en tot rust te komen, terwijl je ook een beetje beweging krijgt (als je maar genoeg rondloopt). Bovendien is het **altijd** leuk om jezelf af en toe te trakteren op een nieuw shirt of een paar schoenen!

Ik had een **lange** dag op het werk en had eindelijk wat tijd voor mezelf, dus besloot ik te gaan winkelen in het winkelcentrum. Ik had wat nieuwe kleren nodig voor het **komende** seizoen. Zodra ik binnenkwam, zag ik al die felle lichten en glimmende etalages. Ik ging eerst naar mijn favoriete winkel en begon door de rekken te snuffelen. Ik vond een paar leuke topjes en paste ze in de kleedkamer. Terwijl ik mezelf in de spiegel bekeek, hoorde ik iemand de kleedkamer naast de mijne binnenkomen. Ik herkende zijn stem als een van mijn collega's. We zeiden hallo en begonnen te kletsen over het werk. Na een paar minuten waren we allebei klaar en gingen we onze **eigen** weg, maar later kwamen we elkaar weer tegen. We praatten verder en beseften dat we meer gemeen hadden dan we dachten.

di acquirente, però, sembra che a tutti piaccia guardare le vetrine, anche se non si compra nulla. C'è qualcosa che mi rende felice nel guardare tutte le belle cose nelle **vetrine** dei negozi. A volte fantastico su come sarebbe se potessi permettermi **tutto quello che** vedo! Tutto sommato, trascorrere una giornata di shopping al centro commerciale è uno dei miei passatempi preferiti. È un ottimo modo per rilassarsi e distendersi, facendo anche un po' di esercizio fisico (se si cammina abbastanza). Inoltre, è **sempre** bello concedersi una camicia o un paio di scarpe nuove ogni tanto!

Ho avuto una **lunga** giornata di lavoro e finalmente avevo un po' di tempo per me, così ho deciso di andare a fare shopping al centro commerciale. Mi servivano dei vestiti nuovi per la **prossima** stagione. Appena sono entrata, ho visto tutte le luci e le vetrine scintillanti. Mi sono diretta prima al mio negozio preferito e ho iniziato a sfogliare gli scaffali. Ho trovato alcuni top carini e li ho provati nel camerino. Mentre mi guardavo allo specchio, sentii qualcuno entrare nel **camerino** accanto al mio. Ho riconosciuto la sua voce come quella di una mia collega. Ci siamo salutati e abbiamo iniziato a chiacchierare di lavoro. Dopo qualche minuto, entrambi abbiamo finito e siamo andati per la **nostra** strada, ma ci siamo incontrati di nuovo più tardi. Abbiamo continuato a chiacchierare e ci siamo resi conto di avere in comune più di quanto pensassimo.

Begrip vragen

1. Waar sla je het liefst op?

2. Wat is je favoriete winkel in het winkelcentrum?

3. Hoe lang blijft u meestal in het winkelcentrum?

4. Wat vind je van mensen die veel tijd in het winkelcentrum doorbrengen?

5. Wat is uw favoriete bezigheid in het winkelcentrum?

6. Heb je ooit iets gekocht in het winkelcentrum terwijl je het niet echt nodig had?

7. Hoe reageert u als u in het winkelcentrum iets ziet dat u heel graag zou willen hebben, maar dat te duur is?

8. Heb je ooit iets in het winkelcentrum gezien en je afgevraagd wie het zou kopen?

9. Wat vindt u van mensen die in het winkelcentrum met hun mobieltje bezig zijn in plaats van naar de winkels te kijken?

10. Denk je dat het winkelcentrum een goede plek is om af te spreken met vrienden?

Domande di comprensione

1. Dove vi piace di più conservare?

2. Qual è il vostro negozio preferito nel centro commerciale?

3. Quanto tempo si ferma di solito al centro commerciale?

4. Cosa pensa delle persone che trascorrono molto tempo al centro commerciale?

5. Qual è la cosa che preferite fare al centro commerciale?

6. Avete mai comprato qualcosa al centro commerciale quando non ne avevate davvero bisogno?

7. Come reagite quando al centro commerciale vedete qualcosa che vi piacerebbe molto, ma che costa troppo?

8. Avete mai visto qualcosa al centro commerciale e vi siete chiesti chi lo avrebbe comprato?

9. Qual è la sua opinione sulle persone che al centro commerciale sono impegnate con il cellulare invece di guardare i negozi?

10. Pensi che il centro commerciale sia un buon posto per incontrarsi con gli amici?

Op de markt

Ik sta op zaterdagochtend vroeg op, popelend om naar de **markt te gaan** voordat het te druk wordt. Ik trek wat kleren aan en ga de deur uit, terwijl ik onderweg mijn herbruikbare tassen pak. Terwijl ik loop, begin ik te plannen wat ik de komende week wil maken. Ik weet dat ik minstens één keer groenten wil **roosteren**, dus ik moet wat groenten van goede kwaliteit kopen. Ik wil ook een soep of stoofpot maken, dus ik moet ook wat vlees kopen. Ik zal moeten kijken wat er goed uitziet als ik daar ben. De markt is maar een paar straten verderop, en ik zie de kraampjes al staan en de **mensen al rondlopen**.

Ik kom aan op de markt en ga meteen naar de groentekraam. Het aanbod is prachtig en ik vul mijn tassen met een verscheidenheid aan **verse** producten. Ik maak een praatje met de boer en hij raadt me een paar recepten aan. Ik ben enthousiast om ze uit te proberen. Ik maak een praatje met de **boeren** terwijl ik aan het winkelen ben en leer hen en hun producten kennen. Als ik alle groenten heb die ik nodig heb, ga ik naar de vleesafdeling. Ik aarzel een beetje, omdat ik niet zeker weet wat ik wil hebben. Uiteindelijk kies ik voor kip, omdat dat veelzijdig is en in allerlei gerechten kan worden gebruikt. Ik koop

Al mercato

Mi sveglio presto il sabato mattina, desiderosa di andare al **mercato** prima che sia troppo affollato. Mi infilo i vestiti e mi avvio verso la porta, prendendo le mie borse riutilizzabili. Mentre cammino, inizio a pianificare quello che voglio fare per la settimana a venire. So che voglio **arrostire le** verdure almeno una volta, quindi dovrò comprare delle verdure di buona qualità. Voglio anche fare una zuppa o uno stufato, quindi dovrò comprare anche della carne. Dovrò vedere cosa c'è di buono quando arriverò lì. Il mercato è a pochi isolati di distanza e vedo già le bancarelle allestite e la **gente** che vi si aggira.

Arrivo al mercato e mi dirigo subito verso il banco delle verdure. La scelta è bellissima e riempio le mie borse con una grande varietà di prodotti **freschi**. Parlo un po' con il contadino e mi consiglia alcune ricette. Non vedo l'ora di provarle. Mentre faccio la spesa, chiacchiero con i **contadini** per conoscere meglio loro e i loro prodotti. Dopo aver preso tutte le verdure che mi servono, passo al reparto carne. Qui sono un po' più titubante, perché non sono sicuro di quello che voglio prendere. Alla fine scelgo il pollo, perché è versatile e può essere utilizzato in diversi piatti. Compro anche alcuni tagli di carne diversi, assicurandomi di prendere

ook een paar verschillende stukken vlees, en zorg ervoor dat ik grasgevoerd rundvlees en **scharrelkip koop**. De slager was een vriendelijke man, altijd vrolijk ondanks de lange uren die hij werkte. Hij pakte mijn kippenborst en biefstuk in voordat hij met me praatte over zijn weekendplannen. Ik nam afscheid van hem en vervolgde mijn weg. Ik heb ook nog wat eieren en kaas meegenomen uit de zuivelafdeling.

Het krioelde van de mensen op de markt, die allemaal stonden te popelen om de verse producten en het vlees **te** bemachtigen die werden aangeboden. De lucht hing vol met de geur van knoflook en uien, en het geluid van gelach en gesprekken vulde de lucht. Ik baande me een weg door de menigte en zocht de andere dingen uit die ik nodig had voor mijn wekelijkse boodschappen. Ik vulde mijn **mandje** met fruit en groenten, pasta en brood, voordat ik naar de kassa ging. De rij was lang, maar het ging snel. Eindelijk waren de laatste **boodschappen** gedaan, en was het tijd om naar huis te gaan. De auto werd volgeladen, en de rit naar huis was lang en moeizaam. Het verkeer was druk en de hitte was drukkend. Eindelijk reed de auto de oprit op en de opluchting was voelbaar. Het huis was koel en stil, en het was een oase na de drukte van de markt. Alles werd opgeborgen, en het huis was al snel weer in zijn gebruikelijke rust en stilte. Ik had alles wat ik nodig had om **heerlijke** maaltijden te maken voor mezelf en voor mijn gezin. Het was goed om thuis te zijn.

carne di manzo nutrita con erba e **pollo** allevato all'aperto. Il macellaio era un uomo cordiale, sempre allegro nonostante le lunghe ore di lavoro. Mi ha incartato i petti di pollo e la bistecca prima di parlarmi dei suoi programmi per il fine settimana. Lo salutai e proseguii per la mia strada. Ho preso anche delle uova e del formaggio dal reparto latticini.

Il mercato era pieno di gente, tutti desiderosi di mettere le **mani sui** prodotti freschi e sulla carne che venivano offerti. Nell'aria si sentiva l'odore dell'aglio e delle cipolle, e il suono delle risate e delle conversazioni riempiva l'aria. Mi feci strada tra la folla, scegliendo gli altri articoli necessari per la mia spesa settimanale. Riempii il mio **cestino** di frutta e verdura, pasta e pane, prima di dirigermi alla cassa. La fila era lunga, ma si snodava rapidamente. Finalmente gli ultimi acquisti furono fatti ed era ora di tornare a casa. L'auto fu caricata e il viaggio verso casa fu lungo e noioso. Il traffico era intenso e il caldo opprimente. Alla fine l'auto entrò nel vialetto e il sollievo fu palpabile. La casa era fresca e silenziosa ed era un rifugio dopo il **trambusto** del mercato. Tutto fu messo a posto e la casa tornò presto alla sua solita pace e tranquillità. Avevo tutto il necessario per preparare dei piatti **deliziosi** per me e per la mia famiglia. Era bello essere a casa.

Begrip vragen

1. Waar gaat de persoon heen?

2. Wat wil de persoon kopen?

3. Hoeveel tassen heeft de persoon?

4. Hoe ver weg is de markt?

5. Wat doet de persoon op dit moment?

6. Wat is alles op de markt?

7. Hoeveel mensen zijn er op de markt?

8. Hoe lang heeft de persoon erover gedaan om alles te kopen?

9. Hoe is de persoon naar huis gegaan?

10. Wat deed de persoon toen hij of zij thuiskwam?

Domande di comprensione

1. Dove sta andando la persona?

2. Cosa vuole comprare la persona?

3. Quante borse ha la persona?

4. Quanto è lontano il mercato?

5. Cosa sta facendo la persona in questo momento?

6. Che cos'è il mercato?

7. Quante persone ci sono nel mercato?

8. Quanto tempo ha impiegato la persona a comprare tutto?

9. Come è tornata a casa la persona?

10. Cosa ha fatto la persona quando è tornata a casa?

In een café

Het was een kille **herfstochtend** en ik had met mijn vriendin Lily afgesproken in ons favoriete café voor een kopje koffie. Ik wikkelde me warm in mijn jas en sjaal en ging op weg. De bladeren vielen van de bomen en de lucht was een beetje fris, maar de zon scheen en het beloofde een mooie dag te worden. Terwijl ik liep, **dacht** ik aan hoe goed het was om een vriendin als Lily te hebben. We waren al jaren vriendinnen, sinds we elkaar op de **universiteit** ontmoetten. We kregen een band door onze voorliefde voor koffie en het kletsen in cafés. Ook al woonden we nu in verschillende delen van de stad, we kwamen nog steeds één keer per week samen om koffie te drinken. Ik kwam aan bij het café, en Lily zat daar al op me te wachten. We omhelsden elkaar en bestelden onze koffie. We vonden een tafeltje bij het raam en gingen zitten kletsen. De **koffie** was heerlijk, zoals altijd, en het was zo leuk om bij te praten met Lily. We spraken over onze week, onze banen, en onze plannen voor de toekomst. Het was altijd zo makkelijk om met Lily te praten, en ik had het gevoel dat ik haar alles kon vertellen. Na een tijdje begonnen we honger te krijgen en **besloten we** wat eten te bestellen.

We **bestelden** ons eten en zochten een plaatsje bij het raam. De zon scheen door het raam naar binnen,

In un caffè

Era una fredda mattina **d'autunno** e avevo fissato un appuntamento con la mia amica Lily al nostro bar preferito per un caffè. Mi avvolsi al caldo nel cappotto e nella sciarpa e mi avviai. Le foglie cadevano dagli alberi e l'aria era pungente, ma il sole splendeva e prometteva di essere una bella giornata. Mentre camminavo, **pensavo** a quanto fosse bello avere un'amica come Lily. Eravamo amiche da anni, da quando ci eravamo conosciute all'**università**. Avevamo legato per il nostro amore per il caffè e per il tempo trascorso a chiacchierare nei bar. Anche se ora vivevamo in zone diverse della città, riuscivamo comunque a vederci per un caffè una volta alla settimana. Arrivai al caffè e Lily era già lì ad aspettarmi. Ci salutammo con un abbraccio e poi ordinammo i nostri caffè. Trovammo un tavolo vicino alla finestra e ci sedemmo a chiacchierare. Il **caffè** era delizioso, come sempre, ed è stato così bello recuperare il tempo perduto con Lily. Parlammo della nostra settimana, dei nostri lavori e dei nostri progetti per il futuro. Era sempre così facile parlare con Lily e mi sembrava di poterle dire tutto. Dopo un po' cominciammo ad avere fame e **decidemmo** di ordinare qualcosa da mangiare.

Ordinammo il cibo e trovammo posto vicino alla

waardoor alles warm en gelukkig aanvoelde. We babbelden terwijl we ons eten aten, en genoten van het simpele plezier om in elkaars **gezelschap** te zijn. Het was druk in het café, maar het voelde niet druk aan. Er hing een gevoel van vrede en tevredenheid in de lucht. Toen we ons eten op hadden, bleven we nog een tijdje zitten, genietend van de vredige **sfeer**. We praatten een tijdje over verschillende dingen die in ons leven waren gebeurd. Het was zo fijn om bij te praten met mijn vriend en gewoon **te ontspannen**. De zon scheen door het raam, en het voelde alsof **niets** onze perfecte dag kon verpesten.

Plotseling hoorde ik een harde klap. Ik draaide me om en zag dat een man door het plafond was gevallen en voor ons op de grond lag. Hij was **bedekt** met stof en puin en leek bewusteloos te zijn. Mijn vriend en ik waren allebei in shock toen we naar de man staarden die op de grond lag. We wisten niet wat we moesten doen of wie we moesten bellen voor hulp. We zaten daar gewoon naar hem te staren, niet wetend wat te doen. Na een paar minuten kwam ik bij en belde 911. De telefoniste zei me dat er zo iemand zou komen. Ik hing de telefoon op en vertelde mijn vriend wat de **telefoniste** had gezegd. We zaten daar allebei te wachten tot er hulp kwam. Het leek wel een eeuwigheid, maar uiteindelijk **kwam** er een ambulance. De ambulancebroeders snelden naar binnen en begonnen met de man te werken.

finestra. Il sole entrava dalla finestra, rendendo tutto più caldo e felice. Chiacchierammo mentre mangiavamo, godendoci il semplice piacere di stare in **compagnia**. Il caffè era affollato, ma non sembrava affollato. C'era una sensazione di pace e soddisfazione nell'aria. Finito il cibo, ci sedemmo ancora per un po', godendoci l'**atmosfera** tranquilla. Abbiamo parlato per un po' di cose diverse che stavano accadendo nelle nostre vite. È stato così bello recuperare il tempo perduto con la mia amica e **rilassarsi**. Il sole splendeva attraverso la finestra e sembrava che **nulla** potesse rovinare la nostra giornata perfetta.

All'improvviso sentii un forte schianto. Mi girai e vidi che un uomo era caduto dal soffitto e giaceva sul pavimento di fronte a noi. Era **coperto** di polvere e detriti e sembrava privo di sensi. Io e il mio amico eravamo entrambi sotto shock mentre fissavamo l'uomo steso sul pavimento. Non sapevamo cosa fare o chi chiamare aiuto. Rimanemmo lì a fissarlo, senza sapere cosa fare. Dopo qualche minuto mi sono ripreso e ho chiamato il 911. L'operatore mi disse che qualcuno sarebbe arrivato presto. Riattaccai il telefono e raccontai al mio amico quello che mi aveva detto l'**operatore**. Rimanemmo entrambe sedute ad aspettare l'arrivo dei soccorsi. Sembrava un'eternità, ma alla fine **arrivò** un'ambulanza. I paramedici si precipitarono e iniziarono a lavorare sull'uomo.

Begrip vragen

1. Waar komt de man vandaan die door het dak valt?

2. Waarom is de vrouw met haar vriendin in het café?

3. Wat is het favoriete café van de twee vrienden?

4. Hoe lang kennen de twee vrienden elkaar al?

5. Wat is het favoriete drankje van de twee vrienden?

6. In welke stad wonen de twee vrienden?

7. Hoe vaak ontmoeten de twee vrienden elkaar?

8. Waar hebben de twee vrienden het over als ze elkaar voor het eerst ontmoeten in hun favoriete café?

9. Wat is het lievelingseten van de twee vrienden?

10. Waarom is het zo makkelijk om met Lily te praten?

Domande di comprensione

1. Da dove viene l'uomo che cade dal tetto?

2. Perché la donna è con la sua amica nel caffè?

3. Qual è il caffè preferito dai due amici?

4. Da quanto tempo i due amici si conoscono?

5. Qual è la bevanda preferita dai due amici?

6. In quale città vivono i due amici?

7. Quanto spesso si incontrano i due amici?

8. Di cosa parlano i due amici quando si incontrano per la prima volta nel loro caffè preferito?

9. Qual è il cibo preferito dai due amici?

10. Perché è così facile parlare con Lily?

Gaan zwemmen

Het zwembad was altijd een **verfrissende** plek om te zijn, en vandaag was dat niet anders. De zon scheen en het water zag er uitnodigend uit. Ik haalde diep adem en dook erin, de koele omhelzing van het water voelend. Ik zwom een tijdje baantjes, genoot van de beweging en de kans om mijn hoofd leeg te maken. Na een tijdje kwam ik eruit en droogde me af, waarna ik op een handdoek ging zitten om te relaxen in de zon. Ik sloot mijn ogen en liet de **warmte** over me heen spoelen, ik voelde mijn spieren ontspannen. Plotseling hoorde ik een plons en opende mijn ogen om mijn kleine zusje te zien **poedelen** in het ondiepe gedeelte. Ik glimlachte en keek een tijdje naar haar, stond toen op en liep naar haar toe. We kletsten wat en peddelden samen wat rond, genietend van elkaars gezelschap. Al snel kwamen onze ouders erbij, en we brachten de rest van de middag zwemmend en spelend door. Het was altijd zo leuk om tijd met de familie in het zwembad door te brengen. Er is **iets** met in het water zijn dat mensen samenbrengt. Misschien is het omdat we allemaal gelijk zijn als we in het water zijn - we kunnen onze gebreken niet verbergen of doen alsof we iets zijn wat we niet zijn. Of misschien is het gewoon omdat het leuk is! **Wat** de reden ook is, ik was gewoon blij dat we allemaal bij elkaar konden komen en van elkaars gezelschap

Andare a nuotare

La piscina era sempre un luogo **rinfrescante** e oggi non era diverso. Il sole splendeva e l'acqua sembrava invitante. Feci un respiro profondo e mi tuffai, sentendo il fresco abbraccio dell'acqua. Nuotai per un po', godendomi l'esercizio e la possibilità di schiarirmi le idee. Dopo un po' uscii e mi asciugai, poi mi sedetti su un asciugamano per rilassarmi al sole. Chiusi gli occhi e lasciai che il **calore** mi avvolgesse, sentendo i miei muscoli iniziare a rilassarsi. All'improvviso sentii uno spruzzo e aprii gli occhi per vedere la mia sorellina **che sguazzava** nel basso fondale. Sorrisi e la osservai per un po', poi mi alzai e mi avvicinai a lei. Chiacchierammo per un po' e pagaiarono insieme, godendo della reciproca compagnia. Presto i nostri genitori ci raggiunsero e passammo il resto del pomeriggio nuotando e giocando insieme. Era sempre così bello passare del tempo con la famiglia in piscina. C'è **qualcosa** nello stare in acqua che sembra unire le persone. Forse perché quando siamo in acqua siamo tutti uguali, non possiamo nascondere i nostri difetti o fingere di essere ciò che non siamo. O forse è solo perché è divertente! **Qualunque sia** la ragione, mi ha fatto piacere che ci siamo riuniti tutti insieme e che ci siamo goduti la reciproca compagnia in un luogo così speciale.

konden genieten op zo'n speciale plek.

De zon scheen op mijn huid en de geur van chloor hing in de lucht. Ik kon de geluiden horen van lachende kinderen die in het zwembad spetterden. Ik lag op een ligstoel naast het zwembad, te genieten van de zon en **de** dag. Ik had mijn ogen gesloten en wilde net in slaap vallen toen ik iemand naar me toe hoorde lopen. Ik opende mijn ogen en zag een vrouw naast me staan. Ze droeg een bikini en had een handdoek om haar middel gewikkeld. Ze had lang blond haar en blauwe ogen. Ze had een fles **zonnebrandcrème** in haar hand. "Vind je het erg als ik wat zonnebrandcrème op je rug smeer?" vroeg ze. "Nee, dat hoeft niet," zei ik, terwijl ik rechtop ging zitten zodat ze bij mijn rug kon. Ik voelde haar handen op mijn huid terwijl ze de zonnebrandcrème aanbracht.

Haar aanraking was zacht en de geur van de zonnebrandcrème was kalmerend. Ik sloot mijn ogen weer en liet me ontspannen. Ik kon het **geluid** van haar bewegingen horen, maar ik opende mijn ogen niet. Ik was tevreden met het feit dat ik daar in de zon lag, luisterend naar het geluid van de golven **die** tegen de kust sloegen. Na een paar minuten liep ze weg, en ik opende mijn ogen. Ik keek naar haar terwijl ze terugliep naar haar ligstoel en haar boek oppakte. Ze nestelde zich in haar stoel en begon te lezen. Ik sloot mijn ogen weer en liet me wegdrijven in slaap.

Il sole batteva sulla mia pelle e l'odore di cloro era nell'aria. Sentivo il rumore dei bambini che ridevano e sguazzavano nella piscina. Ero sdraiata su una sedia a **sdraio** accanto alla piscina, a prendere il sole e a **godermi la** giornata. Avevo gli occhi chiusi e stavo per addormentarmi quando sentii qualcuno avvicinarsi a me. Aprii gli occhi e vidi una donna in piedi accanto a me. Indossava un bikini e aveva un asciugamano avvolto intorno alla vita. Aveva lunghi capelli biondi e occhi azzurri. Aveva in mano un flacone di **crema solare**. "Ti dispiace se ti metto un po' di crema solare sulla schiena?", mi chiese. "No, va bene", risposi, sedendomi in modo che potesse raggiungermi la schiena. Sentii le sue mani sulla mia pelle mentre applicava la crema solare.

Il suo tocco era delicato e il profumo della crema solare era rilassante. Chiusi di nuovo gli occhi e mi rilassai. Sentivo il **rumore** dei suoi movimenti, ma non aprii gli occhi. Mi accontentai di stare sdraiato al sole, ascoltando il rumore delle onde **che si infrangevano** sulla riva. Dopo qualche minuto si allontanò e io aprii gli occhi. La guardai mentre tornava alla sua poltrona e prendeva il suo libro. Si sistemò sulla sedia e iniziò a leggere. Chiusi di nuovo gli occhi e mi lasciai andare al sonno.

Begrip vragen

1. Waar was de verteller toen hij het verhaal begon?

2. Wat ruikt de verteller als hij zijn ogen opent?

3. Wat hoort de verteller als hij zijn ogen opent?

4. Van wie is de zonnebrandcrème die de vrouw aan de verteller geeft?

5. Waar droomt de verteller over?

6. Waarom is zwemmen in de zee zo speciaal voor de verteller?

7. Hoe voelt het water aan waarin de verteller zwemt?

8. Wat ziet de verteller als hij uit het water komt?

9. Wat doet de vrouw nadat ze de verteller heeft ingesmeerd met zonnebrandcrème?

10. Waarover praten de verteller en de vrouw aan het eind van het verhaal?

Domande di comprensione

1. Dove si trovava il narratore quando ha iniziato la storia?

2. Che odore sente il narratore quando apre gli occhi?

3. Cosa sente il narratore quando apre gli occhi?

4. Di chi è la crema solare che la donna dà al narratore?

5. Che cosa sogna il narratore?

6. Perché il bagno in mare è così speciale per il narratore?

7.Come si sente l'acqua in cui nuota il narratore?

8. Cosa vede il narratore quando esce dall'acqua?

9. Cosa fa la donna dopo aver messo la crema solare al narratore?

10. Di che cosa parlano il narratore e la donna alla fine della storia?

Het maaien van het gazon

Het is 10 uur 's ochtends op een zomerse **zaterdag**, en de zon schijnt al ongenadig. Je sjokt naar de garage om de grasmaaier te halen, met het gevoel dat je **veroordeeld bent** tot dwangarbeid. Je begint het gazon te maaien, en zorgt ervoor dat je het rustig aan doet, zodat je niets over het hoofd ziet. Terwijl je aan het maaien bent, denk je aan hoe goed het voelt om buiten in de frisse lucht te zijn. Terwijl je de maaier heen en weer over het gazon duwt, zie je vanuit je **ooghoek je** buurman. Je zwaait en zegt hallo, en hij zwaait terug.

Na een paar minuten ben je klaar, en je gaat naar het huis van je buurman om met hem een biertje te drinken in de voortuin. Het is een **perfecte** dag - niet te warm, met een zacht briesje. Je zit daar in de schaduw van de boom, nipt van je biertje en kletst wat met je buurman. Het zijn dagen als deze die je de zomer doen waarderen. Dan **ga** je naar binnen voor een welverdiend biertje. Je ploft neer in een stoel op de veranda, trekt het blikje open en slaakt een tevreden zucht. Het geluid van de maaier verdwijnt naar de achtergrond terwijl je in de schaduw ontspant en geniet van de **rust** van het moment. Het bier smaakt extra

Tagliare il prato

Sono le 10 del mattino di un **sabato** estivo e il sole picchia già senza pietà. Si va in garage a prendere il tosaerba, con la sensazione di essere **condannati** ai lavori forzati. Iniziate a tagliare il prato, facendo attenzione ad andare piano per non perdere nessun punto. Mentre si taglia, si pensa a quanto sia bello stare all'aria aperta. Mentre iniziate a spingere il tosaerba avanti e indietro per il prato, con la coda dell'**occhio** vedete il vostro vicino. Lo salutate con la mano e lui ricambia.

Dopo qualche minuto, avete finito e vi recate a casa del vostro vicino per bere una birra con lui nel giardino davanti a casa. È una giornata **perfetta**: non fa troppo caldo e soffia una leggera brezza. Ci si siede all'ombra dell'albero, sorseggiando la birra e chiacchierando con il vicino. Sono giornate come questa che fanno apprezzare l'estate. Poi si **entra** in casa per una meritata birra. Ci si sdraia su una sedia del portico e si apre la lattina, tirando un sospiro soddisfatto. Il rumore del tosaerba passa in secondo piano mentre vi rilassate all'ombra, godendovi la **tranquillità del** momento. La birra ha un sapore ancora più buono dopo tutto quel

goed na al dat harde werk in de hitte. Ik stond op het punt om naar binnen te gaan toen ik een geluid hoorde bij de buren.

Het **klonk** alsof iemand huilde. Ik stopte met maaien en liep naar het hek dat onze tuinen scheidde. Ik keek om en zag mijn buurvrouw, mevrouw Johnson, huilen op haar schommelbank. Ik riep naar haar, maar ze hoorde me niet. Ik klom over het hek en liep naar haar toe. “Mevrouw Johnson, is alles goed met u?” vroeg ik. Ze keek met tranen in haar ogen naar me op en schudde haar hoofd. “Nee, het gaat niet goed met me,” zei ze. “Mijn kat is gisteren gestorven.” Ik was geschokt. Ik wist niet wat ik moest zeggen. Ik stond daar maar wat ongemakkelijk, niet wetend wat ik moest doen. Uiteindelijk legde ik mijn hand op haar **schouder** en zei: “Het spijt me zo, mevrouw Johnson. Als er iets is wat ik kan doen om te helpen, laat het me alsjeblieft weten. “Ze schudde haar hoofd en zei: Nee, er is **niets** dat iemand kan doen. Toen stond ze op en ging haar huis binnen. Ik stond daar een ogenblik, niet wetend wat te doen. Toen ging ik verder met het maaien van mijn gazon. Toen ik klaar was, moest ik denken aan mevrouw Johnson en haar kat.

duro lavoro al caldo. Stavo per rientrare in casa quando ho sentito un rumore nella stanza accanto.

Sembrava che qualcuno stesse piangendo. Smisi di falciare e mi avvicinai alla recinzione che separava i nostri cortili. Mi affacciai e vidi la mia vicina, la signora Johnson, che piangeva sul dondolo del suo portico. La chiamai, ma non mi sentì. Scavalcai la recinzione e mi avvicinai a lei. "Signora Johnson, sta bene?". Le chiesi. Lei mi guardò con le lacrime agli occhi e scosse la testa. "No, non sto bene", disse. "Ieri è morto il mio gatto". Ero scioccato. Non sapevo cosa dire. Rimasi lì impacciato, senza sapere cosa fare. Alla fine le misi una mano sulla **spalla** e dissi: "Mi dispiace molto, signora Johnson. Se posso fare qualcosa per aiutarla, me lo faccia sapere". "Lei scosse la testa e disse: "No, nessuno può fare **niente**". Poi si alzò ed entrò in casa sua. Rimasi lì per un momento, senza sapere cosa fare. Poi tornai a tagliare il prato. Mentre finivo, non potei fare a meno di pensare alla signora Johnson e al suo gatto.

Begrip vragen

1. Hoe laat is het?

2. Waar is de persoon aan het maaien?

3. Hoe voelt de persoon zich?

4. Waarom moet de persoon langzaam maaien?

5. Wat voor weer is het?

6. Wat doet de persoon na het maaien?

7. Wat hoort de persoon voordat hij naar huis gaat?

8. Wie is er bij Mrs Johnson?

9. Waarom huilt Mrs Johnson?

10. Wat zegt de persoon tegen mevrouw Johnson?

Domande di comprensione

1. Che ora è?

2. Dove si trova la persona che sta falciando?

3. Come si sente la persona?

4. Perché la persona deve falciare lentamente?

5. Che tempo fa?

6. Cosa fa la persona dopo la falciatura?

7. Cosa sente la persona prima di tornare a casa?

8. Chi è con la signora Johnson?

9. Perché la signora Johnson piange?

10. Cosa dice la persona alla signora Johnson?

Naar de kapper

Ik wilde al weken naar de kapper, maar op de een of andere manier kon ik het steeds uitstellen. Maar met **Kerstmis voor de deur**, wist ik dat ik het niet langer kon uitstellen. Ik wilde niet op het kerstdiner van mijn familie verschijnen als een smerige puinhoop. Dus, vroeg op kerstochtend, ging ik naar de salon. Hoewel het vroeg was, was de salon al druk bezig met andere mensen **die** hun haar lieten doen voor de feestdagen. Ik nam plaats in de rij en wachtte op mijn beurt. Eindelijk was het mijn beurt in de stoel. De styliste, een vriendelijke vrouw die Jill heette, vroeg me wat ik wilde. "Gewoon een knipbeurt, niets te drastisch," antwoordde ik. Jill ging aan de slag en knipte mijn haar weg. Terwijl ze werkte, begon ik te ontspannen. Het voelde goed om eindelijk voor mezelf te zorgen. Ik had het de laatste tijd zo druk gehad met voor iedereen te zorgen, dat ik mijn eigen behoeften aan de kant had laten liggen. Maar **nu** niet **meer**. Van nu af aan, zou ik tijd voor mezelf maken.

Toen Jill klaar was, keek ik in de spiegel en was blij met wat ik zag. Mijn haar zag er netjes en gepolijst uit-perfect voor vakantie bijeenkomsten. Ik **bedankte** Jill en maakte een notitie om vaker terug te komen. Van nu af aan zal ik in de eerste plaats voor mezelf zorgen. Ze begon aan mijn haar te knippen. Ik bedacht

Tagliarsi i capelli

Erano settimane che volevo tagliarmi i capelli, ma in qualche modo riuscivo sempre a rimandare. Ma con il **Natale** alle porte, sapevo che non potevo più rimandare. Non volevo presentarmi alla cena di Natale della mia famiglia con un aspetto trasandato. Così, la mattina presto di Natale, mi sono recata al salone. Anche se era presto, il salone era già pieno di persone che **si facevano** fare i capelli per le feste. Presi posto nella fila e aspettai il mio turno. Finalmente arrivò il mio turno sulla poltrona. La parrucchiera, una donna gentile di nome Jill, mi chiese cosa volessi. "Solo una spuntatina, niente di troppo drastico", risposi. Jill si mise al lavoro, tagliando i miei capelli. Mentre lavorava, cominciai a rilassarmi. Mi sentivo bene a prendermi finalmente cura di me stessa. Ultimamente ero stata così occupata a correre in giro per prendermi cura di tutti gli altri, che avevo lasciato cadere in secondo piano i miei bisogni. Ma **ora** non **più**. D'ora in poi avrei trovato il tempo per me stessa.

Quando Jill ha finito, mi sono guardata allo specchio e sono rimasta soddisfatta di ciò che ho visto. I miei capelli avevano un aspetto ordinato e curato, perfetto per le feste. **Ringraziai** Jill e presi **nota** di tornare più spesso. D'ora in poi mi prenderò cura di me

hoe dankbaar ik was dat ik er eindelijk aan toe was gekomen om mijn haar te laten knippen. Het voelde goed om te weten dat ik er toonbaar uit zou zien voor **het kerstdiner**. Ik hoefde me geen zorgen meer te maken dat mijn familie me zou plagen over mijn "smerige" uiterlijk. Na een paar minuten was de styliste klaar met het knippen van mijn haar en föhnde ze me snel. Ik keek in de spiegel en was blij met wat ik zag: een strak geknipt kapsel dat perfect zou zijn voor het kerstdiner. Nu mijn kapsel achter de rug was, kon ik me concentreren op de feestdagen met mijn gezin. En daar was ik nog dankbaarder voor.

Het voelde zo **bevrijdend**, en ik hield van de manier waarop mijn nieuwe kapsel eruit zag. Nadat ik voor mijn kapsel had betaald, ging ik naar huis en begon ik in te pakken voor mijn reis. Ik **kon niet** wachten om mijn nieuwe look aan mijn familie en vrienden te tonen. Ik wist dat ze verrast zouden zijn als ze me zouden zien. Op de dag van mijn vlucht kwam ik ruim op tijd aan op de luchthaven. Ik ging zonder problemen door de beveiliging en al snel was ik op weg. Zodra ik op mijn bestemming aankwam, kon ik de opwinding in de lucht voelen. Kerstmis hing zeker in de lucht! Mijn familie was er om me op de luchthaven te begroeten, en ze waren allemaal verbaasd over mijn nieuwe kapsel. We brachten de volgende dagen door **met bijpraten** en genieten van elkaars **gezelschap**.

stessa prima di tutto. Si mise al lavoro per tagliare i miei capelli. Pensai a quanto fossi grata di essermi finalmente decisa a tagliarmi i capelli. Era bello sapere che sarei stata presentabile per la **cena** di Natale. Non avrei più dovuto preoccuparmi che la mia famiglia mi prendesse in giro per il mio aspetto "trasandato". Dopo qualche minuto, la parrucchiera finì di tagliarmi i capelli e mi diede una rapida asciugata. Mi guardai allo specchio e fui felice di ciò che vedevo: un look pulito che sarebbe stato perfetto per la cena di Natale. Ora che il taglio di capelli era stato superato, potevo concentrarmi sulle vacanze con la mia famiglia. Ed ero ancora più grata per questo.

Mi sentivo così **libera** e adoravo l'aspetto del mio nuovo taglio di capelli. Dopo aver pagato il taglio, sono tornata a casa e ho iniziato a fare i bagagli per il mio viaggio. **Non** vedevo l'ora di mostrare il mio nuovo look alla mia famiglia e ai miei amici. Sapevo che sarebbero rimasti sorpresi quando mi avrebbero visto. Il giorno del volo sono arrivata all'aeroporto con molto tempo a disposizione. Ho superato i controlli di sicurezza senza problemi e presto sono partita. Non appena arrivai a destinazione, sentii l'eccitazione nell'aria. Il Natale era decisamente nell'aria! La mia famiglia era lì ad accogliermi all'aeroporto ed erano tutti stupiti del mio nuovo taglio di capelli. Abbiamo trascorso i giorni successivi a **chiacchierare** e a goderci la reciproca **compagnia**.

Begrip vragen

1. Wat moest de hoofdpersoon doen voor Kerstmis?

2. Hoe vond de hoofdpersoon het om voor zichzelf te zorgen?

3. Wie heeft het haar van de hoofdpersoon geknipt?

4. Waarom ging de familie van de hoofdpersoon haar plagen?

5. Hoe voelde de hoofdpersoon zich nadat ze naar de kapper was geweest?

6. Wat heeft de hoofdpersoon gedaan nadat ze naar de kapper is geweest?

7. Wat was de reactie van de familie van de hoofdpersoon op haar kapsel?

8. Wat deed de hoofdpersoon op kerstavond?

9. Wat maakte de ervaring van de hoofdpersoon specialer?

10. Wat zou er gebeuren als de hoofdpersoon niet naar de kapper zou gaan?

Domande di comprensione

1. Che cosa doveva fare il protagonista prima di Natale?

2. Come si è sentita la protagonista nel prendersi cura di sé?

3. Chi ha tagliato i capelli al protagonista?

4. Perché la famiglia della protagonista la prendeva in giro?

5. Come si è sentita la protagonista dopo essersi tagliata i capelli?

6. Che cosa ha fatto la protagonista dopo essersi tagliata i capelli?

7. Qual è stata la reazione della famiglia della protagonista al suo taglio di capelli?

8. Che cosa ha fatto il protagonista la vigilia di Natale?

9. Cosa ha reso più speciale l'esperienza del protagonista?

10. Cosa succederebbe se il protagonista non si tagliasse i capelli?

Het park

De zon ging onder, en het park was leeg. Ik zat op het bankje te wachten op mijn **vriendin**. We hadden hier al een uur geleden afgesproken, maar ze was altijd te laat. Net toen ik het wilde opgeven en naar huis wilde gaan, zag ik haar naar me toe rennen. "Het spijt me zo," hijgde ze toen ze de bank bereikte. "Mijn trein **had vertraging**." "Het is goed," zei ik **vergevingsgezind**. "Ik ben hier net zelf." We gingen zitten en praatten een poosje, praatten bij over elkaars leven sinds we elkaar voor het laatst zagen. Het gesprek verliep **vlot**, en het leek alsof er helemaal geen tijd was verstreken sinds we elkaar voor het laatst hadden gezien. Toen de zon onderging, namen we afscheid en gingen onze eigen weg. De volgende keer dat we elkaar zagen, was in een ander park. Weer was ze te laat, maar dat vond ik niet erg. Het was fijn om iemand te hebben om mee te praten die me **begreep**. We spraken over onze dromen en **aspiraties**, dingen die we wilden doen met ons leven. Zij vertelde me over haar plannen om de wereld rond te reizen, en ik deelde mijn droom om schrijfster te worden. Toen de zon weer onderging, namen we afscheid van elkaar en beloofden we elkaar dit keer te blijven zien.

Jaren gingen voorbij, en onze **vriendschap** bleef sterk,

Il parco

Il sole stava tramontando e il parco era vuoto. Mi sedetti sulla panchina ad aspettare la mia **amica**. Avevamo programmato di incontrarci qui un'ora fa, ma lei era sempre in ritardo. Proprio quando stavo per arrendermi e tornare a casa, la vidi correre verso di me. "Mi dispiace tanto", ansimò quando raggiunse la panchina. "Il mio treno è **in ritardo**". "Non c'è problema", dissi **con indulgenza**. "Sono appena arrivato anch'io". Ci siamo seduti e abbiamo chiacchierato per un po', aggiornandoci sulle nostre vite dall'ultima volta che ci siamo visti. La conversazione è fluita **facilmente** e ci è sembrato che non fosse passato affatto del tempo dall'ultima volta che ci siamo visti. Al tramonto ci siamo salutati e abbiamo preso strade diverse. La volta successiva ci incontrammo in un altro parco. Anche in questo caso era in ritardo, ma non mi dispiaceva. Era bello avere qualcuno con cui parlare che mi **capisse**. Parlammo dei nostri sogni e delle nostre **aspirazioni**, delle cose che volevamo fare nella nostra vita. Lei mi parlò dei suoi progetti di viaggiare per il mondo e io le confidai il mio sogno di diventare scrittrice. Al tramonto di un altro giorno, ci siamo salutate ancora una volta, promettendo di tenerci in contatto questa volta.

Gli anni sono passati e la nostra **amicizia** è rimasta

ook al woonden we nu in verschillende delen van het land. We hielden contact door middel van brieven en af en toe telefoontjes, waarbij we nieuws over ons leven met elkaar deelden. Toen ze aankondigde dat ze ging trouwen, was ik niet **verbaasd** - ze was altijd al een **avontuurlijk** type geweest. Maar toen ze me vroeg of ik haar bruidsmeisje wilde zijn op haar huwelijksceremonie, dat halverwege de wereld zou plaatsvinden, van waar ik woonde... daar was wel wat overtuigingskracht voor nodig! Maar uiteindelijk kon ik mijn beste vriendin niet laten trouwen zonder mij aan haar zijde, dus ondanks mijn angsten (en na veel smeken van haar!) **stemde** ik ermee in om mee te gaan op wat het **avontuur** van mijn leven bleek te zijn.

De dag van de **bruiloft was** eindelijk aangebroken. Ik was nerveus, maar opgewonden om deel uit te maken van zo'n belangrijk moment in het leven van mijn vriendin. De ceremonie was prachtig, en ze zag er gelukkig uit toen ze haar geloften aflegde. **Daarna** vierden we het met een groot feest - het leek wel of iedereen die ze kende was gekomen om het met haar te vieren! Het was een **magische** dag die ik nooit zal vergeten, en onze vriendschap is na dat avontuur alleen maar sterker geworden. Nu, jaren later, houden we nog steeds contact. We zijn allebei veel **veranderd** sinds we elkaar voor het eerst ontmoetten, maar onze vriendschap is nog even sterk als altijd.

forte, anche se ora viviamo in zone diverse del Paese. Ci siamo tenute in contatto tramite lettere e telefonate occasionali, condividendo le notizie della nostra vita. Quando annunciò che si sarebbe sposata, non ne fui **sorpreso**: era sempre stata un tipo **avventuroso**. Ma quando mi ha chiesto di farle da damigella d'onore alla cerimonia di matrimonio che si sarebbe svolta a metà strada dal luogo in cui vivevo... c'è voluto un po' per convincerla! Alla fine, però, non potevo permettere che la mia migliore amica si sposasse senza di me al suo fianco, così, nonostante le mie paure (e dopo molte suppliche da parte sua!), ho **accettato** di partecipare a quella che si è rivelata l'**avventura** di una vita.

Finalmente è arrivato il giorno del **matrimonio**. Ero nervosa, ma entusiasta di partecipare a un momento così importante della vita della mia amica. La cerimonia è stata bellissima e lei sembrava felice mentre pronunciava le sue promesse. **Dopo**, abbiamo festeggiato con una grande festa: sembrava che tutti i suoi conoscenti fossero venuti a festeggiare con lei! È stato un giorno **magico** che non dimenticherò mai, e la nostra amicizia si è rafforzata dopo quell'avventura. Ora, a distanza di anni, ci teniamo ancora in contatto. Siamo **cambiate** molto da quando ci siamo conosciute, ma la nostra amicizia è più forte che mai.

Begrip vragen

1. Waar hebben de auteur en haar vriendin elkaar voor het eerst ontmoet?

2. Waarom was de vriend van de auteur te laat op hun afspraak?

3. Waar hadden de vrienden het over toen ze elkaar jaren later weer ontmoetten?

4. Hoe vond de schrijfster het om de huwelijksceremonie van haar vriendin bij te wonen?

5. Beschrijf de omgeving van de huwelijksceremonie.

6. Hoe is de vriendschap tussen de twee vrouwen in de loop der tijd veranderd?

7. Wat is de droom van de auteur?

8. Waar is de vriend van de schrijver van plan heen te reizen?

9. Waarom aarzelde de schrijfster om de huwelijksceremonie van haar vriendin bij te wonen?

Domande di comprensione

1. Dove si sono incontrati per la prima volta l'autrice e la sua amica?

2. Perché l'amico dell'autore è arrivato in ritardo all'incontro?

3. Di che cosa hanno parlato gli amici quando si sono rivisti anni dopo?

4. Come si è sentita l'autrice ad assistere alla cerimonia di matrimonio della sua amica?

5. Descrivete l'ambientazione della cerimonia nuziale.

6. Come è cambiata l'amicizia tra le due donne nel corso del tempo?

7. Qual è il sogno dell'autore?

8. Dove intende viaggiare l'amico dell'autore?

9. Perché l'autrice esitava a partecipare alla cerimonia di matrimonio della sua amica?

www.ingramcontent.com/pod-product-compliance
Lightning Source LLC
LaVergne TN
LVHW010603160826
845677LV00013B/3227

* 9 7 9 8 8 4 6 2 2 3 2 7 1 *